발음 연습을 위한
생활 러시아어

이명자 지음

보고사

머리말

　학부제 하의 학생들은 전공을 정하기까지 1년 동안 여러 외국어들을 탐색해보면서 자신의 적성과 언어에 대한 흥미, 언어가 태동한 나라의 사정과 문화에 대한 관심들을 키워간다. 각 외국어 전공들은 학생들에게 보다 더 쉽고 흥미로운 언어 자료로 다가가기 위해 계속 개설강좌들을 수정하고 보완하는데, 그러한 취지하에 우리 학생들을 위해서도 새롭게 '러시아어 발음연습'이라는 과목이 개설되었다. 본 교재는 바로 '러시아어 발음 연습'이라는 강좌에서 사용하기 위해 개발된 교재이다. 러시아어 알파벳조차 모르는 학생들에게 원서를 갖고 강의하기에는 어려움이 따르고 또 강좌의 특성이 어렵고 딱딱한 문법이나 강독, 작문과 같은 본격적인 언어 지식 습득이 아니라 쉽고 재미있게 러시아어 발음을 중점적으로 연습하면서 러시아어가 가지고 있는 특성인 강세와 억양으로 인한 리듬을 느끼고 생소한 러시아어에 자연스럽고 친근하게 다가갈 수 있도록 하고자 하는 것이므로 그 같은 강좌 특성에 맞춰 본 교재는 개발되었다.

　발음연습이라 하더라도 한 학기 내내 음운이나 음절, 단어의 발음만을 되풀이 연습하는 것은 지루할 뿐 아니라 학습 효과 또한 없다고 사료되어 본 교재에서는 일상생활에서 빈번하게 활용되는 말들을 중심으로 내용을 구성하였다. 특히 발음을 중심으로 한 읽기와 말하기를 집중적으로 실습할 수 있도록 구성하여 말놀이나 역할놀이와 같은 흥미로운 학습활동을 통해 재미있게 읽기와 말하기 능력을 신장하도록 유도하였다. 비록 한 학기라는 짧은 기간 동안이지만 본 교재를 마치고나면 러시아어 발음에 대한 자신감과 의욕이 충만해지길 기대한다.

차 례

Урок 1

Ру́сский алфави́т

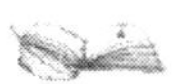 

РУССКИЙ АЛФАВИТ

Печатные буквы	Название букв	Письменные буквы
А а	а	*А а*
Б б	бэ	*Б б*
В в	вэ	*В в*
Г г	гэ	*Г г*
Д д	дэ	*Д д*
Е е	е	*Е е*
Ё ё	ё	*Ё ё*
Ж ж	жэ	*Ж ж*
З з	зэ	*З з*
И и	и	*И и*
Й й	и краткое	*Й й*
К к	ка	*К к*
Л л	эль	*Л л*
М м	эм	*М м*
Н н	эн	*Н н*
О о	о	*О о*
П п	пэ	*П п*

Печатные буквы	Название букв	Письменные буквы
Р р	эр	*Р р*
С с	эс	*С с*
Т т	тэ	*Т т*
У у	у	*У у*
Ф ф	эф	*Ф ф*
Х х	ха	*Х х*
Ц ц	цэ	*Ц ц*
Ч ч	че	*Ч ч*
Ш ш	ша	*Ш ш*
Щ щ	ща	*Щ щ*
ъ	твёрдый знак	*ъ*
Ы ы	ы	*ы*
ь	мягкий знак	*ь*
Э э	э	*Э э*
Ю ю	ю	*Ю ю*
Я я	я	*Я я*

▶ **러시아어 알파벳은 33개의 문자로 구성되어 있다.**

- 10개의 모음 (а, е, ё, и, о, у, ы, э, ю, я)
- 21개의 자음
- 2개의 부호 (ь, ъ)

◎ 러시아어 문자의 명칭을 큰 소리로 읽고 문자를 써봅시다.

А а	Б б	В в	Г г	Д д
К к	Л л	М м	Н н	О о
Х х	Ц ц	Ч ч	Ш ш	Щ щ

Е е	Ё ё	Ж ж	З з	И и	Й й
П п	Р р	С с	Т т	У у	Ф ф
ъ	Ы ы	ь	Э э	Ю ю	Я я

◎ 문자의 명칭에 해당하는 러시아어 대문자를 써봅시다.

а	е	ё	и	о	у	ы	э	ю	я

бэ	вэ	гэ	дэ	жэ	зэ	и краткое

ка	эл	эм	эн	пэ	эр	эс

тэ	эф	ха	цэ	чэ	ша	ща

◎ 문자의 명칭에 해당하는 러시아어 소문자를 써봅시다.

а	е	ё	и	о	у	ы	э	ю	я

бэ	вэ	гэ	дэ	жэ	зэ	и краткое

ка	эл	эм	эн	пэ	эр	эс

тэ	эф	ха	цэ	чэ	ша	ща

твёрдый знак (hard sign)	мягкий знак (soft sign)

▶ **부호 ь**

- 영어 알파벳에는 ь같은 문자가 없다.
- 문자 ь(мягкий знак)은 소리를 갖지 않는다.
- 문자 ь은 앞에 위치하는 자음의 연음성을 나타낸다.

▶ **부호 ъ**

- 영어 알파벳에는 ъ같은 문자가 없다.
- 문자 ъ(твёрдый знак)은 소리를 갖지 않는다.
- 문자 ъ는 앞에 위치하는 자음의 경음성을 나타낸다.
- 문자 ъ는 단지 접두사들 뒤에서만 쓰인다.

◎ 러시아어 이름들입니다. 알파벳을 순서대로 읽어봅시다.

Виктор	Иван	Елена	Андрей
Сергей	Яков	Людмила	

◎ 러시아 작가의 성에 쓰인 문자의 명칭을 말해봅시다.

| Толстой Л. | Крылов И. | Чехов А. | Пушкин А. |

◎ 도시들의 이름을 알파벳 순서대로 읽고 써봅시다.

Москва   Петербург   Омск   Тула

_______   _______   _______   _______

_______   _______   _______   _______

Вологда   Рязань   Самара   Бийск   Иркутск

_______   _______   _______   _______   _______

_______   _______   _______   _______   _______

◎ 러시아어 알파벳을 필기체로 써봅시다.

____

____

____

____

____

Ру́сское произноше́ние

▶ **모음 소리**

러시아어에는 10개의 모음 문자(vowel letters)가 있으나
모음 소리(vowel sounds)는 6개

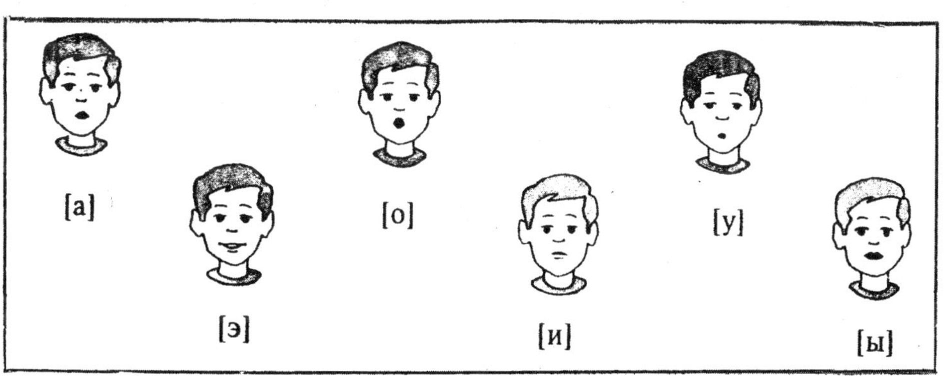

◎ 모음 발음을 정확하게 익힙시다.

문자	a	э	o	y	и	ы
발음	[a]	[э]	[o]	[y]	[и]	[ы]

<u>а</u>	<u>о</u>	у	<u>ы</u>	<u>э</u>
ба	бо	бу	бы	бэ
ва	во	ву	вы	вэ
фа	фо	фу	фы	фэ
га	го	гу	гы	гэ
ка	ко	ку	кы	кэ
да	до	ду	ды	дэ
та	то	ту	ты	тэ
за	зо	зу	зы	зэ
са	со	су	сы	сэ
жа	жо	жу		
ша	шо	шу		

ал	ол	ул	ыл	эл
ла	ло	лу	лы	лэ
ам	ом	ум	ым	эм
ма	мо	му	мы	мэ
ан	он	ун	ын	эн
на	но	ну	ны	нэ
ар	ор	ур	ыр	эр
ра	ро	ру	ры	рэ

и — ы	
ти	ты
ди	ды
зи	зы
си	сы

문자	е	ё	ю	я
발음	[й+э]	[й+о]	[й+у]	[й+а]

е	ё	ю	я
ем	ём	юм	ям
ет	ёт	ют	ят
бе	бё	бю	бя
ве	вё	вю	вя
зе	зё	зю	зя
де	дё	дю	дя
се	сё	сю	ся
те	тё	тю	тя

▶ **자음 소리**

양순음 ; [п], [п'], [б], [б'], [м], [м']

순치음 ; [ф], [ф'], [в], [в']

전설음 ; [т], [т'], [д], [д'], [с], [с'], [з], [з'], [ц], [н], [н'], [л], [л'],
　　　　[ш], [ш'], [ж], [ч'], [р], [р']

중설음 ; [й(j)]

후설음 ; [к], [к'], [г], [г'], [х], [х']

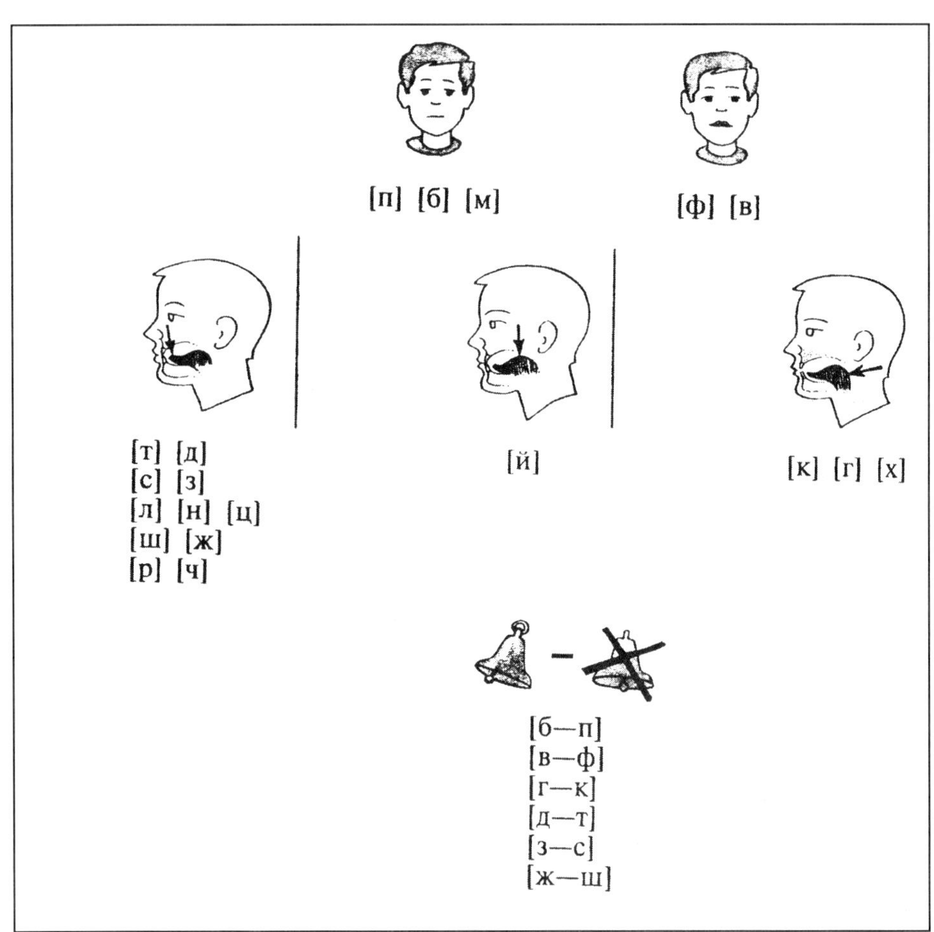

◎ 서로 대응되는 무성음과 유성음의 발음을 익힙시다.

무성음(voiceless)					유성음(voiced)				
[п]	[п']	[ф]	[ф']	[к]	[б]	[б']	[в]	[в']	[г]
[к']	[т]	[т']	[с]	[с']	[г']	[д]	[д']	[з]	[з']

п	б	т	д	с	з	ф	в
па	ба	та	да	са	за	фа	ва
по	бо	то	до	со	зо	фо	во
пу	бу	ту	ду	су	зу	фу	ву
пы	бы	ты	ды	сы	зы	фы	вы
пя	бя	тя	дя	ся	зя	фя	вя
пе	бе	те	де	се	зе	фе	ве
пё	бё	тё	дё	сё	зё	фё	вё
пю	бю	тю	дю	сю	зю	фю	вю
пи	би	ти	ди	си	зи	фи	ви

◎ 경자음과 연자음을 발음해봅시다.

경자음+ы – 연자음+и		경자음+о – 연자음+ё		경자음+э – 연자음+е	
ны [ны]	ни[н'и]	но[но]	нё[н'йо]	нэ[нэ]	не[н'йэ]
лы	ли	ло	лё	лэ	ле
мы	ми	мо	мё	мэ	ме
ры	ри	ро	рё	рэ	ре
ты	ти	то	тё	тэ	те
ды	ди	до	дё	дэ	де
сы	си	со	сё	сэ	се
зы	зи	зо	зё	зэ	зе
пы	пи	по	пё	пэ	пе
бы	би	бо	бё	бэ	бе

вы	ви	во	вё	вэ	ве
фы	фи	фо	фё	фэ	фе

경자음+а – 연자음+я
на ла ма ра та да са за па ба ва фа
ня ля мя ря тя дя ся зя пя бя вя фя

경자음+у	연자음+ю

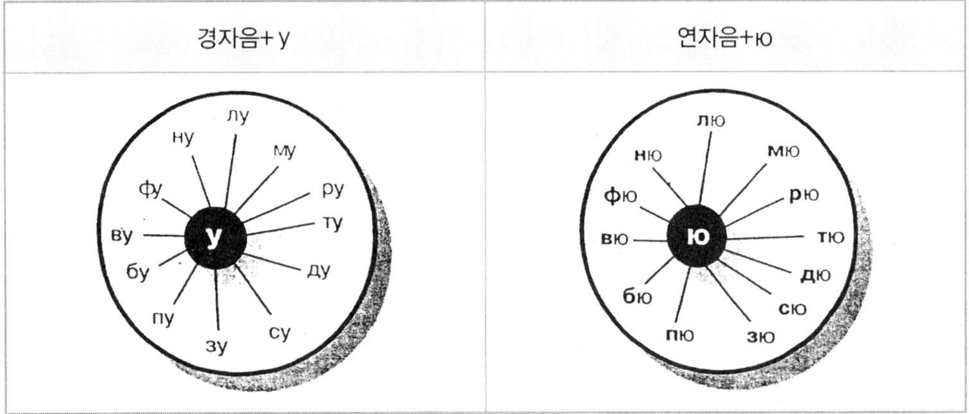

◎ 슬라브어에 고유한 자음소리 ж, ш, щ, ч, ц

жа	ша	ща	ча	ца
жи	ши	щи	чи	ци
же	ше	ще	че	це
жё	шё	щё	чё	цё
жу	шу	щу	чу	цу

▶ **자음 [й]([j])**

- 연자음 [й]는 모음 [и]와는 다르다.
- 문자 й는 단지 모음 뒤에서만 쓰인다.
- [j]는 자음 [й]의 음성적 기호이다.

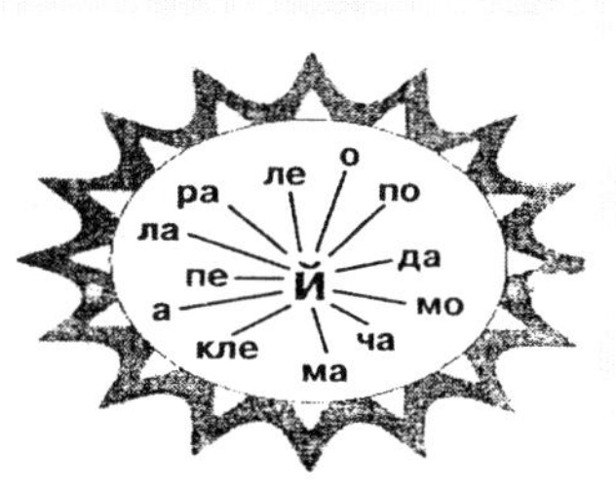

◎ 모음 и와 자음 й를 구별해 발음해봅시다.

чаи	чай
мои	мой
бои	бой
буи	буй
твои	твой
свои	свой

◎ 문자 ь(мягкий знак)는 앞자음의 연음성을 나타냅니다. 발음에 유의합
시다.

удар [удар]	ударь [удар']
ел [ел]	ель [ел']
дал [дал]	даль [дал']
мел [мел]	мель [мел']
жер [жар]	жарь [жар']
кон [кон]	конь [кон']
брат [брат]	брать [брат']
шест [шест]	шесть [шест']

Ударе́ние и интона́ция

▶ **강세**(ударе́ние)

러시아어에서 강세는 소리의 강·약뿐 아니라 장·단까지도 구분하게 하는 특성을 갖는다. 즉, 강세를 받는 모음은 다른 모음들보다 상대적으로 더 강하고 길게 발음된다.

▶ **음절**(слог)

우리는 언어를 처음 배울 때 음절에 따라 읽는 것을 배운다. 언어의 실제 단위라고 말할 수 있는 음절은 최소의 발음 단위로서 단어 및 구절의 초분절적 특성인 강세, 억양과도 관련이 된다. 따라서 음절은 발화의 단위일 뿐 아니라 인지의 단위이기도 하다.

▶ **비강세 모음의 약화**
  : **아까니에**(аканье) **현상과 이까니에**(иканье) **현상**

강세를 받지 않는 모음 a와 o가 약화되어 [ǎ]에 가까운 소리들로 약화되는 것을 아까니에 현상이라고 하며, 강세를 받지 않는 모음 я, e가 약화되어 [и]에 가까운 소리들로 약화되는 것을 이까니에 현상이라고 한다.

◎ 다양한 음절의 단어들을 정확하게 읽어봅시다.

(단음절어)

вы	мы	ты	он	мне	день
жил	мир	соль	день	банк	шкаф

(2음절어)

ма́ма	па́па	шко́ла	ру́чка
ка́рта	а́дрес[а́дрис]	страна́	зима́
она́[ăна́]	вода́[вăда́]	кино́	журна́л

(3음절어)

ко́мната	Африка	до́рого	я́года
пого́да	соро́ка	больни́ца	рабо́та
магази́н	каранда́ш	телефо́н[тилифо́н]	хорошо́

(4음절 이상)

Новосиби́рск	сало́минка	библиоте́ка

◎ 음절들로 단어를 만들어봅시다.

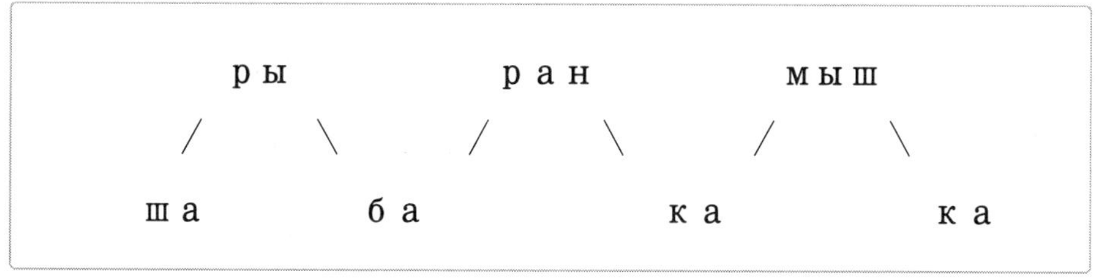

예) шары, рыба, ……

◎ 아까니에 현상이 일어나는 단어들을 발음해봅시다.

[á] – [ǎ]	[á] – [ǎ]	[ó] – [ǎ]	[ó] – [ǎ]
ас – Асла́н	бан – бана́н	стол – столы́	Но́ра – нора́
арк – арка́н	бар – бара́н	пол – полы́	по́ра – пора́
сам – сама́	пар – пара́д	кот – коты́	Ко́ра – кора́
мал – мала́	кар – карма́н	нос – носы́	до́ма – дома́
дал – дала́	зак – зака́т	крот – кроты́	о́кна – окна́
глаз – глаза́	сал – сала́т	мост – мосты́	то́ска – тоска́

◎ 속담을 외워봅시다.

▷ *Одна́ голова́ хорошо́, а две лу́чше.*

▷ *Москва́ – всем города́м мать.*

◎ 이까니에 현상이 일어나는 단어들을 발음해봅시다.

снег – снега́[снига́]	час – часы́[чисы́]
цвет – цвета́[цвита́]	мяч – мячи́[мичи́]
мест – места́	прямо – прямо́й
лес – леса́	мясо – мясно́й
звезда́ неде́ля февра́ль весна́ интере́с	

Жил-был до́ктор. Он был до́брый. Зва́ли его́ Айболит. До́ктор Айбо
лит бо́льше всех люби́л у́тку Ки́ку, соба́ку Авву, сви́нку Хрю-Хрю, поп
у́гая Кару́до и сову́ Бу́мбу.

(По К. Чуко́вскому)

▶ 자음의 발음규칙

• 유 · 무성 동화

한 소리가 이웃한 다른 소리를 닮는 것을 동화라고 한다. 러시아어에서 모음과 결합하는 자음으로는 유성음과 무성음이 모두 가능하지만, 자음 들이 겹쳐 무리를 이룰 때에는 앞 자음이 뒤 자음을 닮아 음운적으로 서로 같아지려고 하는 역행동화(Regressive Assimilation)가 발생한다. 동화 현상 중에서 가장 특징적인 것은 유 · 무성 동화로서 유성음 동화 와 무성음 동화 둘 다 일어난다. 뒤 자음이 유성음일 때 앞 자음이 뒤 자음의 유성음 자질을 닮아 유성음으로 소리 나는 것이 유성음 동화이 고 반면에 뒤 자음이 무성음일 때 앞 자음이 무성음으로 소리 나는 것이 무성음 동화이다.

• 어말 무성음화

단어 끝에서는 모든 자음이 무성음으로 소리 나고, 이것의 영향을 받아 그 앞의 자음이 동화되어 무성음으로 소리 난다.

• B의 발음

자음 중 B는 뒤따라오는 자음이 유성음이면 유성음으로 소리 나고, 뒤 따라오는 자음이 무성음이면 무성음으로 소리 난다.

◎ 어말 무성음화가 일어나는 단어들을 발음해봅시다.

зу<u>б</u>	ле<u>в</u>	дру<u>г</u>	го<u>д</u>	но<u>ж</u>	моро<u>з</u>
[п]	[ф]	[к]	[т]	[ш]	[с]
хлеб	рука́в	бег	мёд	муж	капри́з
клуб	о́стров	пиро́г	обе́д	эта́ж	расска́з

◎ 무성음 역행동화가 일어나는 단어들을 발음해봅시다.

оши́<u>бк</u>а	ав<u>т</u>ома́т	петербу́<u>рг</u>ский	сла́<u>дк</u>о	пирож<u>к</u>и́	ни́<u>зк</u>о
[пк]	[фт]	[кс]	[тк]	[шк]	[ск]
улы́<u>бк</u>а	пов<u>т</u>оря́ть	ко́<u>гт</u>и	площа́<u>дк</u>а	сне<u>жк</u>и́	францу́<u>зск</u>ий

◎ 유성음 역행동화가 일어나는 단어들을 발음해봅시다.

<u>сб</u>ор	от<u>б</u>о́р	вок<u>з</u>а́л	(비교)	спор	отпо́р	некта́р
[зб]	[дб]	[гз]				
<u>сд</u>ал	фу<u>тб</u>о́л	э<u>кз</u>а́мен				
<u>сг</u>оре́ть	о<u>тд</u>е́л	та́<u>кж</u>е				

◎ 큰 소리로 읽어봅시다.

Футбо́л

Сказа́ла тётя:

– Фи, футбо́л! –

Сказа́ла ма́ма:

– Фу, футбо́л! –

Сестра́ сказа́ла:

– Ну, футбо́л… –

А я отве́тил:

– Во, футбо́л!

(Г. Сапгир)

Повтори́ и ты мне в тон,

Где буто́н,

А где бето́н,

Где бидо́н,

а где пито́н?

Ну, а где – бато́н.

Раз, два, три, четы́ре, пять

Начина́ю повторя́ть:

......

(Н. Матвеева의 Путаница중에서)

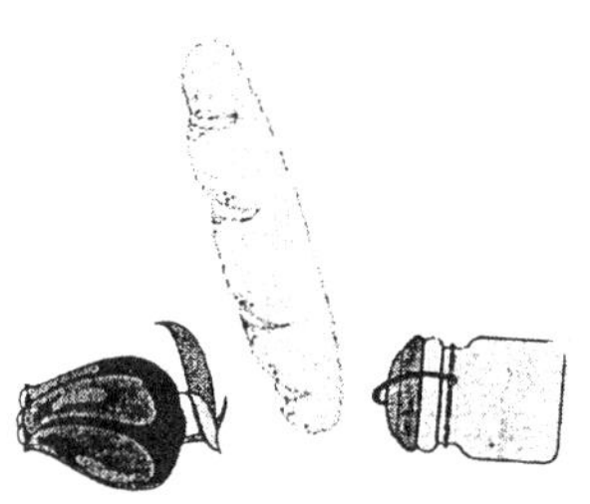

▶ **억양**(интонация)

러시아 음성학자들에 의해 러시아어는 7가지의 기본적인 억양 구조(инто национная конструкция: 줄여서 ИК로 칭함)로 나뉘는데 책에 따라서는 기본 구조를 6가지로 나누기도 한다. 또한 억양은 화자에 따라 다양하게 실현되므로 반드시 정형화된 억양 구조를 따르는 것은 아니다.

(억양의 기본구조)

ИК-1	
중립적 역할의 평서문 충고 책 제목명	Ты.　Анна стоит на мосту. Там туман
ИК-2	
주의환기 절대적 단호한 문장 요구 의문사 있는 의문문	Кто это?　Антон, что это? Какая столица Кореи?
ИК-3	
되물을 때 도움을 지지할 때 공손한 청 의문사 없는 의문문	Ты?　Маша танцует? Маша танцует?
ИК-4	
а로 시작하는 의문문 설교, 주요 연설 항변, 긴장, 놀라움, 외침	А Виктор?　Ваш? Ваше имя?
ИК-5	
감탄	Как хорошо!　Какая прелесть!

Прочитай.

◎ С. Маршак이 지은 알파벳을 이용한 발음 연습입니다. 큰 소리로 읽으며 러시아어 알파벳의 발음과 지금까지 배운 발음규칙을 복습합시다.

А а

Аист с нами прожил лето.
А зимой гостил он где-то.

Б б

Белемот разинул рот:
Булки просит белемот.

В в

Воробей блетел в окно
Воровать у нас пшено.

Гриб растёт среди дорожки —
Голова́ на то́нкой но́жке.

Дя́тел жил в дупле пусто́м,
Дуб долби́л как долото́м.

Ель на ёжика похо́жа:
Ёж в иго́лках, ёлка — то́же.

Жук упал и встать не мо́жет.
Ждёт он, кто ему́ помо́жет.

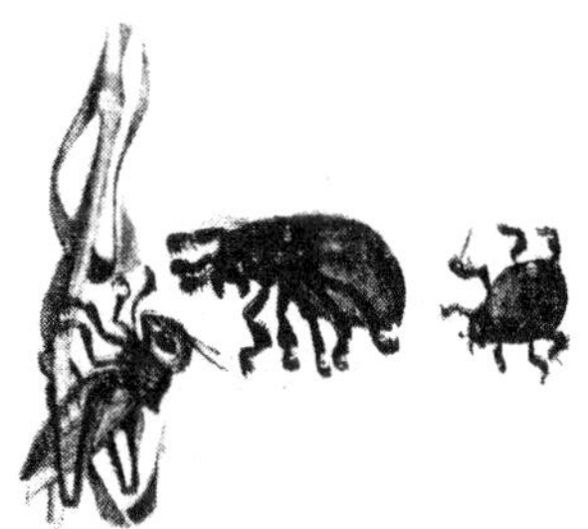

Звёзды ви́дели мы днём
За реко́ю над Кремлём.

И и

Иней лёг на ве́тви е́ли,
И́глы за́ ночь побеле́ли.

К к

Кот ло́вил мы́шей и крыс.
Кро́лик лист капу́стный грыз.

Л л

Ло́дки по́ морю плы́вут,
Лю́ди вёслами гребу́т.

М м

Мёд в лесу́ медве́дь нашёл,
Ма́ло мёду — мно́го пчёл.

Н н

Носоро́г бода́ет рого́м.
Не шути́те с носоро́гом.

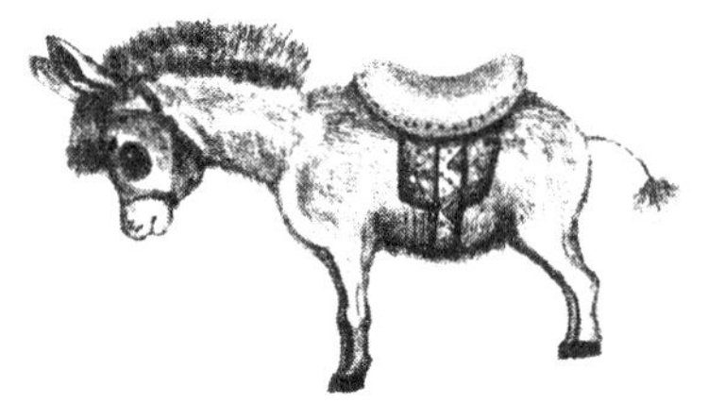

О о

Ослик был сего́дня зал.

Он узна́л, что он осёл.

П п

Па́нцирь но́сит черепа́ха,

Пря́чет го́лову от стра́ха.

Р р

Ро́ет зе́млю ста́рый крот —

Розоря́ет огоро́д.

С с

Спит споко́йно ста́рый слон —

Сто́я спать уме́ет он.

Т т

Тарака́н живёт за пе́чкой, —

То—то тёплое месте́чко!

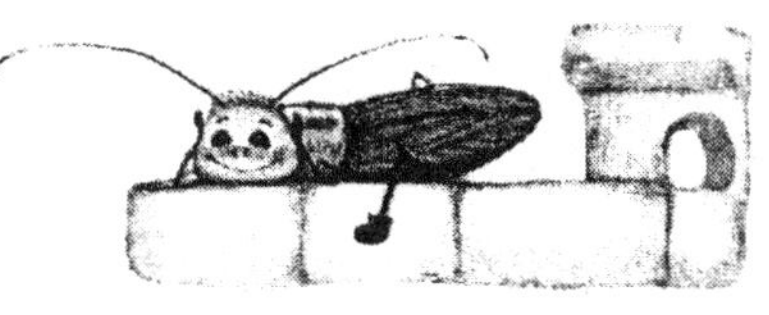

У у

Учени́к учил уро́ки.

У него́ в черни́лах щёки.

Ф ф

Флот плывёт к родно́й земле́.

Флаг на ка́ждом корабле́.

Х х

Хо́дит по́ лесу хорёк,

Хи́щный ма́ленький зверёк.

Ц ц

Ца́пля ва́жная, носа́тая,

Це́лый день стои́т, как ста́туя.

Ч ч

Часовщи́к, прищу́рив глаз,

Чи́нит ча́сики для нас.

$$\boxed{\text{Ш ш}}$$

Шка́льник, шка́льник, ты — сила́ч:
Шар земно́й несёшь, как мяч.

$$\boxed{\text{Щ щ}}$$

Щёткой чи́щу я щенка́,
Щекочу́ ему́ бока́.

$$\boxed{\text{Э э}}$$

Эта кно́пка и шнурок —
Электри́ческий звоно́к.

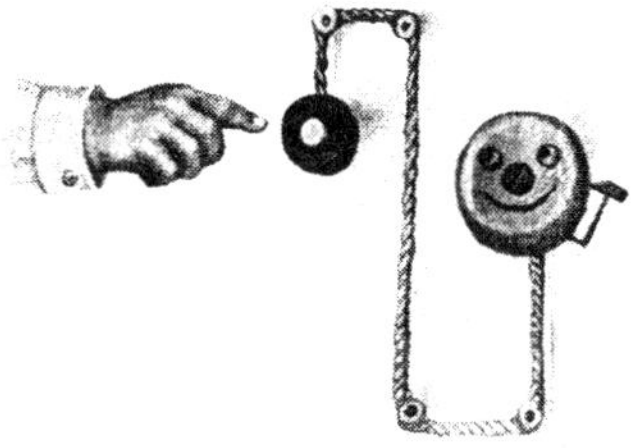

$$\boxed{\text{Ю ю}}$$

Юнга — бу́дущий матро́с —
Южных ры́бок нам привёз.

$$\boxed{\text{Я я}}$$

Ягод нет кисле́е клюквы.
Я на па́мять знаю бу́квы.

Здра́вствуйте!

◎ Слова́рь

Здра́вствуй!, Здра́вствуйте! 안녕하세요.

Как вас зову́т? 당신의 이름은 무엇입니까?

Как тебя́ зову́т? 너의 이름은 무엇이니?

Меня́ зову́т … 제 이름은 …입니다.

Я рад(а) познако́миться. 만나서 반갑습니다.

Очень прия́тно. 만나서 반갑습니다.

До́брое у́тро! 아침인사　　　　До́брый день! 낮 인사

До́брый ве́чер! 저녁인사　　　　До свида́ния! 헤어질 때 인사

Да 네.　　　　　　　　　　Нет 아니오.

인칭대명사	나	너	그	그녀	우리	당신, 당신들	그들
주격	я	ты	он	она́	мы	вы	они́

인칭대명사	나를	너를	그를	그녀를	우리를	당신을, 당신들을	그들을
대격	меня́	тебя́	его́	её	нас	вас	их

러시아 여성 이름
Áнна　Ири́на　Óльга　Ната́ша　Кáтя　Со́ня　Вéра Елéна　Татья́на　Лари́са　Мари́на
러시아 남성 이름
Ива́н　Пётр　Серге́й　Бори́с　Ви́ктор　Андре́й Алекса́ндр　Влади́мир　И́горь　Анто́н

◎ 여러 번 읽은 후 옆 사람과 대화해봅시다.

– Здра́вствуйте!

– Здра́вствуйте!

– Как вас зову́т?

– Меня́ зову́т Влади́мир. А вас?

– Меня́ зову́т Анто́н.

– Я рад познако́миться.

– Я рад познако́миться.

– Здра́вствуй!

– Здра́вствуй!

– Как тебя́ зову́т?

– Меня́ зову́т Со́ня. А тебя́?

– Меня́ зову́т Вéра.

– Я ра́да познако́миться.

– Я ра́да познако́миться.

- Доброе у́тро!

- Доброе у́тро!

- Тебя́ зову́т Мари́на?

- Да, меня́ зову́т Мари́на.

- Меня́ зову́т Ива́н.

  Я рад познако́миться.

- Я ра́да познако́миться.

- До́брый ве́чер!

- До́брый ве́чер!

- Вы Серге́й Ива́нович?

- Нет, я не Серге́й Ива́нович.

  Я Андре́й Ива́нович.

- Я Ни́на Петро́вна.

  Я ра́да познако́миться.

- Очень прия́тно.

- До свида́ния, Ви́ктор!
- До свида́ния, Ве́ра!

Меня́ зову́т Пётр Серге́евич Ивано́в.

Я Пётр Серге́евич Ивано́в.

Меня́ зову́т Ве́ра Ивано́вна Петро́ва.

Я Ве́ра Ивано́вна Петро́ва.

Меня́ зову́т Ива́н.

Я Ива́н.

Меня́ зову́т Ири́на.

Я Ири́на.

◎ 빈 곳을 채운 후 큰소리로 읽어봅시다.

– Здра́вствуйте!

– ___________________

– До́брое у́тро!

– ___________________

– До́брый день!

– ___________________

– До́брый ве́чер!

– ___________________

– Здра́вствуй!

– ___________________

– До́брое у́тро!

– ___________________

– До́брый день!

– ___________________

– До́брый ве́чер!

– ___________________

– До свида́ния!

– ___________________

кто 누구

инжене́р 엔지니어

шко́льник(шко́льница) 학생

врач 의사

преподава́тель 강사

домохозя́йка 전업주부

и́ли 또는

то́же 역시

учи́тель(учи́тельница) 교사(여교사)

бизнесме́н 사업가

студе́нт(студе́нтка) 대학생

продаве́ц 상인, 판매원

профе́ссор 교수

шофёр 운전기사

не 아니다

◎ 여러 번 읽은 후 옆 사람과 대화해봅시다.

– Здра́вствуйте!

– Здра́вствуйте!

– Меня́ зову́т Влади́мир.

– Меня́ зову́т Серге́й Ивано́вич.

– Кто вы?

– Я учи́тель. А кто вы?

– Я инжене́р.

– Здра́вствуй!

– Здра́вствуй!

– Меня́ зову́т Ви́ктор.

– Меня́ зову́т Бори́с.

– Кто ты?

– Я шко́льник. А кто ты?

– Я студе́нт.

– Кто вы?

– Я врач.

– Кто вы?

– Я бизнесме́н.

– Кто ты?

– Я студе́нт.

– Кто ты?

– Я то́же студе́нт.

– Кто он?

– Он продаве́ц.

– Как его́ зову́т?

– Его́ зову́т Ива́н.

– Кто она́?

– Она́ домохозя́йка.

– Как её зову́т?

– Её зову́т Ве́ра Ивано́вна.

– Кто он?

– Он шко́льник.

– Как его́ зову́т?

– Его́ зову́т Йгорь.

– Кто она́?

– Она́ шко́льница.

– Как её зову́т?

– Её зову́т Ка́тя.

◎ 빈 곳을 채운 후 큰소리로 읽어봅시다.

- Вы профессо́р?   - Ты шко́льник?

- Да, я _________   - Да, я _________

- Нет, я не _________   - Нет, я не _________

- Я преподава́тель.   - Я студе́нт.

- Вы бизнесме́н и́ли инжене́р?

- _________________________

- Ты шко́льница и́ли студе́нтка?

- _________________________

- Здра́вствуйте!

- _________

- Меня́ зову́т Влади́мир.

- Меня́ зову́т Серге́й Ивано́вич.

- _________________

- Я учи́тель. А кто вы?

- Я инжене́р.

– Здра́вствуй!

– ___________

– ______________ Ви́ктор.

– ______________ Бори́с.

– Я студе́нт. А кто ты?

– Я ______ студе́нт.

Что э́то? Кто э́то?

◎ Слова́рь

что 무엇	э́то 이것
ма́льчик 소년	де́вочка 소녀
газе́та 신문	кни́га 책
ру́чка 펜	тетра́дь 공책
слова́рь 사전	журна́л 잡지
каранда́ш 연필	уче́бник 교과서
и 그리고	у меня́ есть… 나에게는 …이 있다
ко́шка 고양이	соба́ка 개

◎ 여러 번 읽은 후 옆 사람과 대화해봅시다.

– Что э́то?

– Э́то кни́га.

– Что э́то?

– Э́то журна́л.

– Э́то журна́л?

– Э́то не журна́л. Э́то газе́та.

– Э́то слова́рь?

– Э́то не слова́рь. Э́то уче́бник.

– Кто э́то?

– Э́то ма́льчик.

– Кто э́то?

– Э́то де́вочка.

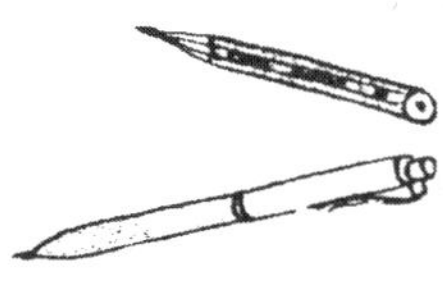

– Что э́то?

– Э́то ру́чка и каранда́ш.

– Кто э́то?

– Э́то студе́нт и студе́нтка.

– Это журна́л и́ли слова́рь?

– Это слова́рь.

– Это кни́га и́ли тетра́дь?

– Это тетра́дь.

– Кто э́то?

– Это ко́шка.

– У меня́ есть ко́шка.

– Кто э́то?

– Это соба́ка.

– У меня́ есть соба́ка.

단수	복수
журна́л	журна́л**ы**
уче́бник	уче́бник**и**
слова́рь	словар**и́**
студе́нт	студе́нт**ы**
кни́га	кни́г**и**
ко́шка	ко́шк**и**

– Что э́то?

– Это кни́г**и**.

– Кто э́то?

– Это де́вочк**и**.

- Что э́то?
- Это ру́чк**и** и карандаш**и́**.

- Что э́то?
- Это журна́л**ы** и газе́т**ы**.

◎ 빈 곳을 채운 후 큰소리로 읽어봅시다.

- Это ко́шка?
- ____, э́то ко́шка.
- Нет, э́то ____ ко́шка. Это соба́ка.

- Это кни́га ____ тетра́дь ?
- Это тетра́дь.

- Что э́то?
- Это журна́лы ____ газе́ты.

- Это ру́чка?
- Да, __________
- Нет, ______________

- Это студе́нты?
- Да, __________
- Нет, ______________

- ____________?
- Это кни́га.

- ____________?
- Это соба́ка.

– Это журна́л ____ слова́рь?

– Это слова́рь.

– ________________

– Это ко́шка.

____________ есть ко́шка.

семья́ 가족	
де́душка 할아버지	ба́бушка 할머니
мать(ма́ма) 어머니(엄마)	оте́ц(па́па) 아버지(아빠)
жена́ 아내	муж 남편
сын 아들	дочь 딸
внук 손자	вну́чка 손녀
брат 형, 오빠, 남동생	сестра́ 누나, 언니, 여동생
дя́дя 아저씨	тётя 아주머니

– Кто э́то?

– Это я.

– Кто э́то?

– Это па́па.

– Кто э́то?

– Это я.

– Кто э́то?

– Это муж.

– Кто э́то?

– Э́то ма́ма.

– Кто э́то?

– Э́то сестра́.

– Кто э́то?

– Э́то брат.

– Кто э́то?

– Э́то сын.

– Кто э́то?

– Э́то дочь.

주격	я	ты	он	она́	мы	вы	они́
생격	меня́	тебя́	его́	её	нас	вас	их

У вас есть дочь?	당신에게는 딸이 있습니까?
У тебя́ есть брат?	너에게는 형이 있니?
У меня́ есть сын.	나에게는 아들이 있다.
У него́ есть жена́.	그에게는 아내가 있다.
У неё есть муж.	그녀에게는 남편이 있다.

у меня́ нет + 명사생격 : 나에게는 ~이 없다	
У меня́ нет му́жа.	나에게는 남편이 없다.
У меня́ нет сы́на.	나에게는 아들이 없다.
У меня́ нет ба́бушки.	나에게는 할머니가 없다.
У меня́ нет ко́шки.	나에게는 고양이가 없다.
У меня́ нет сёстры.	나에게는 누이가 없다.

◎ 여러 번 읽은 후 옆 사람과 대화해봅시다.

- У тебя́ есть ба́бушка?

- Да, у меня́ есть ба́бушка.

- У тебя́ есть де́душка?

- Нет, у меня́ нет де́душки.

- У тебя́ есть де́душка?

- Да, у меня́ есть де́душка.

- У вас есть брат?

- Да, у меня́ есть брат.

- У него́ есть жена́?

- Нет, у него́ нет жёны.

- Это сестра́?

- Нет, э́то не сестра́. Это тётя.

- Это брат?

- Нет, э́то не брат. Это дя́дя.

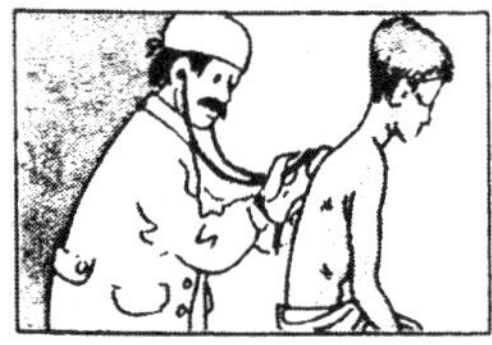

−Кто э́то?

−Это оте́ц.

−Кто он?

−Он врач.

−Кто э́то?

−Это мать.

−Кто она́?

−Она́ учи́тельница.

◎ 빈 곳을 채운 후 큰소리로 읽어봅시다.

- У вас есть брат?

- Да, _______________

- _______________

- Да, у меня́ есть оте́ц.

- _______________?

- Он врач.

- Это сестра́?

- Нет, _______________

- _______________

- Это мать.

- _______________

- Она́ учи́тельница.

- У тебя́ есть ба́бушка?

- Да, _______________

- У тебя́ есть де́душка?

- Нет, _______________

- У тебя́ есть сестра́?

- Да, _______________

- _______________

- Да, у меня́ есть сестра́.

- _______________?

- Она́ студе́нтка

Это тётя.

Спаси́бо!

◎ Слова́рь

бана́н 바나나	сок 음료수
гру́ша (먹는) 배	я́блоко 사과
чай 차	ко́фе 커피
молоко́ 우유	вода́ 물
вино́ 포도주	пи́во 맥주
лимо́н 레몬	апельси́н 오렌지
дом 집	стол 책상, 테이블
стул 의자	шко́ла 학교
маши́на 자동차	университе́т 대학교
(большо́е) спаси́бо	(대단히) 감사 합니다
пожа́луйста	① 좀, ② 천만에요

– Что э́то?

– Это шко́ла.

– Что э́то?

– Это стол и стул.

– У вас есть маши́на?

– Да, у меня́ есть.

– Нет, у меня́ нет.

– У тебя́ есть я́блоко?

– Да, у меня́ есть.

– Нет, у меня́ нет.

– Чай или ко́фе?

– Ко́фе.

– Вот ко́фе.

– Большо́е спаси́бо.

– Пожа́луйста.

– Вот вода́.

– Спаси́бо.

– Пожа́луйста.

– Это пи́во?

– Нет, э́то не пи́во.

Это молоко́.

– Это гру́ша?

– Нет, э́то не гру́ша.

Это я́блоко.

- Журна́л и́ли газе́та?

- Газе́та.

- Вот газе́та.

- Большо́е спаси́бо.

- Пожа́луйста.

- Вино́ и́ли вода́?

- Вино́, пожа́луйста.

- Вот вино́.

- Большо́е спаси́бо.

- Пожа́луйста.

◎ 텍스트를 큰소리로 읽어봅시다.

Это я. Я студе́нт. Меня́ зову́т Анто́н.

Это сестра́. Она́ шко́льница. Её зову́т Ири́на.

Вот стол. Вот ко́фе и молоко́. Вот лимо́н. Вот я́блоки и гру́ши.

- Ири́на! вот молоко́.

- Спаси́бо.

- Пожа́луйста.

누구의	чей	чья	чьё	чьи́
나의	мой	мо**я́**	моё	мо**и́**
너의	твой	тво**я́**	твоё	тво**и́**
우리의	наш	на́ш**а**	на́ш**е**	на́ш**и**
당신의, 당신들의	ваш	ва́ш**а**	ва́ш**е**	ва́ш**и**

мой, твой, наш, ваш	дом журна́л оте́ц стол каранда́ш слова́рь
мо**я́**, тво**я́**, на́ш**а**, ва́ш**а**	шко́л**а** кни́г**а** газе́т**а** сестра́ гру́ш**а** дочь
моё, твоё, на́ш**е**, ва́ш**е**	я́блоко молоко́
мо**и́**, тво**и́**, на́ш**и**, ва́ш**и**	я́блок**и** журна́л**ы** карандаш**и́** газе́т**ы**

◎ 여러 번 읽은 후 옆 사람과 대화해봅시다.

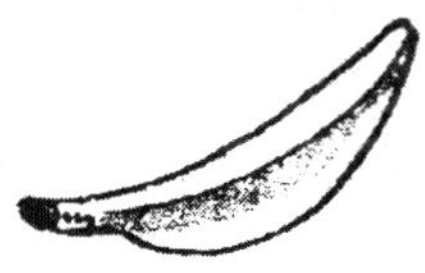

– Чей э́то бана́н?

– Это мой бана́н.

– Вот твой бана́н.

– Спаси́бо.

– Чья э́то гру́ша?

– Это моя́ гру́ша.

– Вот твоя́ гру́ша.

– Спаси́бо.

– Чьё э́то я́блоко?

– Это моё я́блоко

– Вот твоё я́блоко.

– Спаси́бо.

– Чьи́ э́то апельси́ны?

– Это мои́ апельси́ны.

– Вот твои́ апельси́ны.

– Спаси́бо.

– Это ваш дом?

– Да, э́то мой дом.

  Нет, э́то не мой дом.

– Это ва́ша маши́на?

– Да, э́то моя́ маши́на.

  Нет, э́то не моя́ маши́на.

– Это твоё молоко́?

– Да, э́то моё молоко́.

  Нет, э́то не моё молоко́.

– Это на́ши кни́ги?

– Да, э́то твои́ кни́ги.

  Нет, э́то не твои́ кни́ги.

– Чей э́то стол?

– Я.

– Это чья́ газе́та?

– Он.

– Это чьё молоко́?

– Ты.

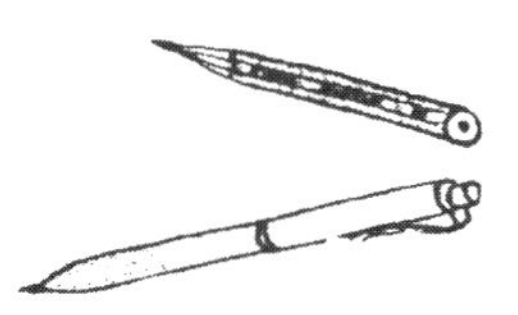

– Чьи́ э́то ру́чки?

– Они́.

– Чей э́то сын?

– Это наш сын.

– У него́ есть жена́?

– Да, у него́ есть жена́.

– Кто она́?

– Она́ врач.

– Чья э́то ба́бушка?

– Это моя́ ба́бушка.

– У неё есть внук?

– Да, у него́ есть внук.

– Кто он?

– Он студе́нт.

◎ 빈 곳을 채운 후 큰소리로 읽어봅시다.

– Это ваш слова́рь?

– Да, ___________

Нет, ___________

– ___________?

– Это моя́ кни́га.

– ___________?

– Это твоё я́блоко.

– Чай ____ ко́фе?

– Ко́фе.

– Вот ко́фе.

– ___________

– ___________

– У вас есть слова́рь?

– Да. ___________

Вот слова́рь.

– ___________

– ___________

– Это твой дом?

– Да, ___________

Нет, ___________

– ___________?

– Это наш университе́т.

– ___________?

– Это твои́ кни́ги.

– Вино́ или вода́?

– Вино́, ___________

– Вот вино́.

– ___________

– ___________

– ___________?

– Да. у него́ есть сестра́.

– Это апельси́ны?

– Да. ___________

_____ апельси́ны

– Спаси́бо.

– ___________

– _______________?

– Это наш сын.

– _______________?

– Да, у него́ есть жена́.

– _______________?

– Она́ врач.

– Это твоя ба́бушка или его́ ба́бушка?

– Это его́ ба́бушка.

– ___________?

– Да, у него́ есть дочь.

– _______?

– Она́ домохозя́йка.

– У неё есть муж?

– Да, ___________

– __________?

– Он бизнессме́н.

– Журна́л или газе́та?

– ___________

Вот газе́та.

– _________ спаси́бо.

– ___________

Ско́лько вам лет?

◎ Слова́рь

ско́лько 얼마, 어느 정도, 얼마만큼			
Ско́лько вам лет? 당신은 몇 살입니까?			
здесь 여기에			
год 년, 해			

оди́н	1	оди́ннадцать	11	три́дцать	30
два	2	двена́дцать	12	со́рок	40
три	3	трина́дцать	13	пятьдеся́т	50
четы́ре	4	четы́рнадцать	14	шестьдеся́т	60
пять	5	пятна́дцать	15	се́мьдесят	70
шесть	6	шестна́дцать	16	во́семьдесят	80
семь	7	семна́дцать	17	девяно́сто	90
во́семь	8	восемна́дцать	18	сто	100
де́вять	9	девятна́дцать	19	ты́сяча	1000
де́сять	10	два́дцать	20	миллио́н	1000000

1	журна́л	студе́нт	каранда́ш
2~4	журна́ла	студе́нта	карандаша́
5 이상	журна́лов	студе́нтов	карандаше́й

1	кни́га	де́вочка	газе́та
2~4	кни́ги	де́вочки	газе́ты
5 이상	книг	де́вочек	газе́т

◎ 여러 번 읽은 후 옆 사람과 대화해봅시다.

– Ско́лько журна́лов?

– Три журна́ла.

– Ско́лько бана́нов?

– Пять бана́нов.

– Ско́лько домо́в?

– Оди́н дом.

– Ско́лько маши́н?

– Одна́ маши́на.

– Ско́лько я́блок?

– Одно́ я́блоко.

– Ско́лько студе́нтов?

– Оди́н студе́нт.

– Ско́лько журна́лов?

– Два журна́ла.

– Ско́лько газе́тов?

– Две газе́ты.

– Ско́лько карандаше́й?

– Четы́ре карандаша́.

– Ско́лько де́вочек?

– Две де́вочки.

◎ 텍스트를 큰소리로 읽어봅시다.

Э́то на́ша шко́ла.

Здесь оди́н учи́тель и пять шко́льников и две шко́льницы.

Вот кни́ги и слова́рь. Здесь две кни́ги и оди́н слова́рь.

Здесь три тетра́ди и три ру́чки.

주격	я	ты	он	она́	мы	вы	они́
여격	мне	тебе́	ему́	ей	нам	вам	им

주격(남성명사)	여격(남성명사)	주격(여성명사)	여격(여성명사)
брат	бра́ту	ма́ма	ма́ме
внук	вну́ку	па́па	па́пе
ма́льчик	ма́льчику	сестра́	сестре́
муж	мужу́	вну́чка	вну́чке
ба́бушка	ба́бушке	де́вочка	де́вочке
де́душка	де́душке	жена́	жене́

◎ 여러 번 읽은 후 옆 사람과 대화해봅시다.

- Ско́лько вам лет?
- Мне 21 год.

- Ско́лько тебе́ лет?
- Мне 14 го́да.

- Ско́лько ей лет?
- Ей 20 лет.

- Ско́лько ему́ лет?
- Ему́ 19 лет.

- Ско́лько лет бра́ту?
- Ему́ 27 лет.

- Ско́лько лет сестре́?
- Ей 24 лет.

- Бра́ту 10 и́ли 11 лет?
- Ему́ 11 лет.

- Ната́ше 15 и́ли 16 лет?
- Ей 16 лет.

- Тебе́ 8 лет?
- Да, мне 8 лет.
  Нет, мне не 8 лет.
  Мне 9 лет.

- Вам 31 год?
- Да, мне 31 год.
  Нет, мне не 31 год.
  Мне 33 го́да.

– Здра́вствуйте! Меня́ зову́т Влади́мир.

– Здра́вствуйте! Меня́ зову́т Серге́й Ивано́вич.

– Серге́й Ивано́вич, ско́лько вам лет?

– Мне 39 лет. Ско́лько вам лет?

– Мне 25 лет.

– Кто вы?

– Я инжене́р. Кто вы?

– Я учи́тель.

– Здра́вствуй!

– Здра́вствуй!

– Меня́ зову́т Ви́ктор.

– Меня́ зову́т Бори́с.

– Кто ты?

– Я студе́нт. А кто ты?

– Я то́же студе́нт.

– Ско́лько тебе́ лет?

– Мне 21 год.

    — Ско́лько лет ба́бушке?

    — Ей 62 го́да.

    — Ско́лько лет де́душке?

    — Ему́ 67 лет.

    — Ско́лько лет ма́ме?

    — Ей 39 лет.

    — Ско́лько лет па́пе?

    — Ему́ 42 го́да.

    — Ско́лько лет ма́льчику?

    — Ему́ 12 го́да.

    — Ско́лько лет де́вочке?

    — Ей 7 лет.

Это наша семья.

Это я.   Меня зовут Антон.   Мне 17 лет.

Это мой отец.   Ему 41 год.   Это моя мать.   Ей 40 лет.

У меня есть брат и сестра.   Это мой брат.   Ему 15 лет.

Это моя сестра.   Ей 4 года.

У меня есть бабушка и дедушка.   Это моя бабушка.   Ей 63 года.

Это мой дедушка.   Ему 65 лет.

У нас есть кошка.   Ей 3 года.

◎ 빈 곳을 채운 후 큰소리로 읽어봅시다.

– ___________ журналов?

– Три журнала.

– Сколько бананов?

– Пять ___________

– Ско́лько студе́нтов?

– Три _______________

– _______________?

– Две газе́ты.

– _______________?

– Мне 21 год.

– _______________?

– Нет, мне не 8 лет. Мне 9 лет.

– Здра́вствуй!

– _______________

– Меня́ зову́т Ви́ктор.

– _______________ Бори́с.

– Кто ты?

– Я студе́нт. А кто ты?

– Я то́же _______________

– Ско́лько тебе́ лет?

– ____ 21 год.

– Ско́лько лет ма́ме?

– ______________________

– Ско́лько лет па́пе?

– ______________________

– Ско́лько лет бра́ту?

– ______________________

– Ско́лько лет сестре́?

– ______________________

Где ты живёшь?

◎ Слова́рь

где 어디에서	
рабо́тать 일하다	у́читься 공부하다
говори́ть 말하다	жить 살다
больни́ца 병원	магази́н 상점
заво́д 공장	фи́рма 회사
язы́к 언어	ру́сский 러시아의, 러시아어의
по-ру́сски 러시아어로	хорошо́ 잘
пло́хо 서툴게	о́чень 매우
немно́го 약간	страна́ 나라
друг 친구	подру́га 여자친구
друзья́ 친구들	в(на) ~에
библиоте́ка 도서관	теа́тр 극장

работать	
я работаю	мы работаем
ты работа**ешь**	вы работаете
он, она работа**ет**	они работают

учиться	
я учу́сь	мы у́чимся
ты у́чишься	вы у́читесь
он, она у́чится	они у́чатся

говори́ть	
я говорю́	мы говори́м
ты говори́шь	вы говори́те
он, она́ говори́т	они́ говоря́т

жить	
я живу́	мы живём
ты живёшь	вы живёте
он, она живёт	они́ живу́т

주격	в(на) + 전치격 : ~에서
шко́ла	в шко́л**е**
университе́т	в университе́т**е**
больни́ца	в больни́ц**е**
магази́н	в магази́н**е**
фи́рма	в фи́рм**е**
заво́д	на заво́д**е**
у́лица	на у́лиц**е**
Москва́	в Москв**е́**

◎ 여러 번 읽은 후 옆 사람과 대화해봅시다.

- Где вы рабо́таете?
- Я рабо́таю в шко́ле.
- Вы учи́тель?
- Да, я учи́тель.

- Где ты рабо́таешь?
- Я рабо́таю на заво́де.
- Ты инжене́р?
- Да, я инжене́р.

- Где Иван рабо́тает?
- Он в больни́це.
- Он врач?
- Да, он врач.

- Анто́н, Са́ша твой друг?
- Да, он мой друг.
- Кто он?
- Он сту́дент.
  Он у́чится в университе́те.

- Ты у́чишься в университе́те?
- Да, я учу́сь в университе́те.
  Нет, я не учу́сь в университе́те.

- Ва́ши друзья́ рабо́тают и́ли у́чатся?
- Они́ у́чатся.
- Где они́ у́чатся?
- Они́ у́чатся в университе́те.

– Где вы рабо́таете?

– Я рабо́таю в фи́рме. Я бизнесме́н.

– Где рабо́тает ва́ша жена́?

– Она́ рабо́тает в больни́це. Она́ врач.

– Где у́чится ва́ша дочь?

– Она́ у́чится в шко́ле.

– Где вы живёте?

– Я живу́ в Москве́.

– Где живёт ваш брат?

– Он живёт в Санкт-Петербу́рге.

– Где ты живёшь?

– Я живу́ в Сеу́ле.

– Где живёт твоя́ подру́га?

– Она́ то́же живёт в Сеу́ле.

– Где мой слова́рь?

– Твой слова́рь на столе́.

– А тетра́дь?

– Вот она́, в столе́.

- – Где Анна?

- – Она́ у́чится в библиоте́ке.

- – А где Ви́ктор?

- – Он на заво́де. Он инжене́р.

- – Где твой брат?

- – Он в теа́тре.

- – Где ты живёшь?

- – Я живу́ в Ташкенте́.

- – Где ты у́чишься?

- – Я учу́сь в шко́ле.

говори́ть	по-ру́сски, по-коре́йски, по-япо́нски, по-францу́зски, по-кита́йски, по-англи́йски, по-неме́цки

나라	언어	사람
Росси́я	ру́сский	ру́сский, ру́сская
Коре́я	коре́йский	коре́ец, корея́нка
Аме́рика	англи́йский	америка́нец, америка́нка
Кита́й	кита́йский	кита́ец, китая́нка
Япо́ния	япо́нский	япо́нец, япо́нка

– Где вы живёте?

– Я живу́ в Москве́. Где вы живёте?

– Я живу́ в Сеу́ле. Я коре́ец.

   Вы говори́те по-коре́йски?

– Я немно́го говорю́ по-коре́йски.

– Где ваш брат живёт?

– Он живёт в Санкт-Петербу́рге.

– Он то́же говори́т по-коре́йски?

– Он не говори́т по-коре́йски.

– Где ты живёшь?

– Я живу́ в Кита́е. Я кита́ец.

Где ты живёшь?

— Я живу́ в Коре́е. Я коре́ец.

— Ты говори́шь по-ру́сски?

— Да, я говорю́ по-ру́сски.

— Ты хорошо́ говори́шь по-ру́сски?

— Нет, пло́хо говорю́ по-ру́сски.

— Вы живёте в Аме́рике и́ли в Росси́и?

— Я живу́ в Росси́и.

— Вы говори́те по-англи́йски?

— Я о́чень хорошо́ говорю́ по-англи́йски.

Это Я. Меня зову́т Ка́тя. Это мой брат. Его зову́т Са́ша.

Мы живём в Росси́и. Я ру́сская и мой брат ру́сский.

Я учу́сь в шко́ле и мой брат то́же у́чится в шко́ле.

Мы говори́м по-ру́сски.

Я немно́го говорю́ по-англи́йски.

Мой брат хорошо́ говори́т по-англи́йски.

Он то́же говори́т по-францу́зски.

◎ 빈 곳을 채운 후 큰소리로 읽어봅시다.

– Твой брат говори́т по-ру́сски?

– Да, ______________________

– Он хорошо́ говори́т по-ру́сски?

– Нет, ______________________

– Вы живёте в Кита́е и́ли в Коре́е?

– Я живу́ в ___________

– Вы коре́ец?

– Да, я ___________

– Ты у́чишься в университе́те?   – Где вы рабо́таете?

– Да, ___________   – ___________

Нет, ___________   Я бизнесме́н.

– ___________   – ___________

– Твой слова́рь на столе́.   – Я живу́ в Москве́.

– Где рабо́тает ва́ша жена́?

– Она́ рабо́тает в больни́це. Она́ ___________

– Где у́чится ва́ша дочь?

– ___________ в шко́ле.

– Где вы рабо́таете?   – Где ты рабо́таешь?

– ___________   – Я рабо́таю на заво́де.

– Вы учи́тель? – ___________

– Да, я учи́тель.   – Да, я инжене́р.

Кака́я сего́дня пого́да?

◎ Слова́рь

пого́да 날씨	температу́ра 온도
гра́дус ~도	плюс 영상
ми́нус 영하	снег 눈
дождь 비	ве́тер 바람
со́лнце 태양	сего́дня 오늘
сейча́с 지금	обы́чно 통상
иногда́ 때때로	ча́сто 자주
весна́ 봄, весно́й 봄에	зима́ 겨울, зимо́й 겨울에
ле́то 여름, ле́том 여름에	о́сень 가을, о́сенью 가을에
хо́лодно 춥다	тепло́ 덥다
жа́рко 무덥다	прохла́дно 선선하다
идёт дождь 비 내리다	идёт снег 눈 내리다
э́тот, э́та, э́то, э́ти 이	тот, та, то, ти 저
го́род 도시	река́ 강
гора́ 산	мо́ре 바다
о́зеро 호수	са́мый, са́мая, са́мое, са́мые 가장

какой 어떤	какая	какое	какие
большо́й 커다란 ма́ленький 작은	больша́я ма́ленькая	большо́е ма́ленькое	больши́е ма́ленькие
хоро́ший 좋은	хоро́шая	хоро́шее	хоро́шие
плохо́й 나쁜	плоха́я	плохо́е	плохи́е
до́брый 선한	до́брая	до́брое	до́брые
злой 악한	злая	зло́е	злые
весёлый 명랑한	весёлая	весёлое	весёлые
гру́стный 침울한	гру́стная	гру́стное	гру́стные
краси́вый 아름다운	краси́вая	краси́вое	краси́вые
ста́рый 낡은	ста́рая	ста́рое	ста́рые
но́вый 새로운	но́вая	но́вое	но́вые
высо́кий 높은	высо́кая	высо́кое	высо́кие
ни́зкий 낮은	ни́зкая	ни́зкое	ни́зкие
дорого́й 비싼	дорога́я	дорого́е	дороги́е
дешёвый 싼	дешёвая	дешёвое	дешёвые
чи́стый 깨끗한	чи́стая	чи́стое	чи́стые
гря́зный 더러운	гря́зная	гря́зное	гря́зные
дли́нный 긴	дли́нная	дли́нное	дли́нные
коро́ткий 짧은	коро́ткая	коро́ткое	коро́ткие
чёрный 검은	чёрная	чёрное	чёрные
бе́лый 흰	бе́лая	бе́лое	бе́лые
кра́сный 붉은	кра́сная	кра́сное	кра́сные
си́ний 푸른	си́няя	си́нее	си́ние
жёлтый 노란	жёлтая	жёлтое	жёлтые
зелёный 녹색의	зелёная	зелёное	зелёные

- Этот бана́н како́й?

- Зелёный.

- Эта гру́ша кака́я?

- Жёлтая.

- Это я́блоко како́е?

- Кра́сное.

- Эта матрёшка кака́я?

- Больша́я.

- Эта матрёшка кака́я?

- Ма́ленькая.

- Этот стол како́й?

- Высо́кий.

- Этот стол како́й?

- Ни́зкий.

— Эта де́вочка гру́стная?

— Нет, она́ не гру́стная.

Она́ весёлая.

— Кака́я сего́дня пого́да?

— Сего́дня хоро́шая пого́да.

— Сего́дня со́лнце.

— Кака́я сего́дня пого́да?

— Сего́дня плоха́я пого́да.

— Сего́дня ве́тер.

Сейча́с идёт дождь.

— Кака́я сего́дня пого́да?

— Сего́дня жа́рко.

— Кака́я сейча́с температу́ра?

— Сейча́с плюс 29 гра́дусов.

— Кака́я сего́дня пого́да?

— Сего́дня хо́лодно.

— Ско́лько гра́дусов сего́дня?

— Сего́дня ми́нус 17 гра́дусов.

— Зимой часто идёт снег?

— Да, зимой часто идёт снег.

— Ско́лько гра́дусов в Москве?

— Обы́чно ми́нус 20 гра́дусов.

— Кака́я пого́да ле́том?

— Летом о́чень жа́рко.

— Кака́я температу́ра обы́чно весной?

— Плюс 10 гра́дусов.

— Кака́я сего́дня пого́да?

— Сего́дня плоха́я пого́да.

Иногда́ ве́тер.

~한	더 ~한	가장 ~한
краси́вый	краси́вее	са́мый краси́вый
большо́й	бо́льше	са́мый большо́й
ма́ленький	ме́ньше	са́мый ма́ленький
ста́рый	старе́е	са́мый ста́рый
молодо́й	моло́же	са́мый молодо́й
высо́кий	вы́ше	са́мый высо́кий
ни́зкий	ни́же	са́мый ни́зкий
дорого́й	доро́же	са́мый дорого́й
дешёвый	деше́вле	са́мый дешёвый
хоро́ший	лу́чше	са́мый хоро́ший
плохо́й	ху́же	са́мый плохо́й

Москва́ **бо́льше** Санкт-Петербу́рга.	모스끄바는 쌍트 뻬쩨르부르
Москва́ **бо́льше, чем** Санкт-Петербу́рг.	그보다 더 크다.

◎ 여러 번 읽은 후 옆 사람과 대화해봅시다.

- Како́й го́род бо́льше: Москва́ и́ли Санкт-Петербу́рг?

- Москва́ бо́льше Санкт-Петербу́рга.

– Како́й го́род старе́е: Москва́ и́ли Санкт-Петербу́рг?

– Москва́ старе́е Санкт-Петербу́рга.

– Како́й го́род краси́вее: Москва́ и́ли Санкт-Петербу́рг?

– Санкт-Петербу́рг краси́вее, чем Москва́.

– Како́й го́род в Росси́и са́мый большо́й?

– Са́мый большо́й го́род в Росси́и — э́то Москва́.

– Кака́я река́ в Росси́и са́мая больша́я?

– Са́мая больша́я река́ в Росси́и — э́то Ле́на.

– Како́е о́зеро в Росси́и са́мое краси́вое?

– Са́мое краси́вое о́зеро в Росси́и — э́то Байка́л.

– Кака́я матрёшка краси́вее: кра́сная и́ли жёлтая?

– Кра́сная матрёшка краси́вее, чем жёлтая матрёшка.

– Кака́я матрёшка доро́же?

– Кра́сная матрёшка доро́же.

– Кто са́мый молодо́й студе́нт?

– Воло́дя.

– Кто са́мый ста́рый студе́нт?

– Бори́с.

– Ле́на — са́мая больша́я река́ в Росси́и?

– Да, Ле́на — са́мая больша́я река́ в Росси́и.

– Санкт-Петербу́рг старе́е, чем Москва́?

– Нет, Санкт-Петербу́рг не старе́е, чем Москва́.

Москва́ старе́е Санкт-Петербу́рга.

– Москва́ ме́ньше Санкт-Петербу́рга?

– Нет, Москва́ не ме́ньше Санкт-Петербу́рга.

Москва́ бо́льше, чем Санкт-Петербу́рг.

– Како́й дом лу́чше: твой дом и́ли его́ дом?

– Его́ дом лу́чше. Мой дом деше́вле.

– Како́й журна́л са́мый но́вый?

– Э́тот журна́л са́мый но́вый.

◎ 맞는 것을 고른 후 큰소리로 읽어 봅시다.

① Сего́дня ми́нус 17 гра́дусов.

② Сего́дня плюс 17 гра́дусов.

① Сего́дня тепло́.

② Сего́дня хо́лодно.

① Сейча́с идёт дождь.

② Сейча́с идёт снег.

① Сего́дня хо́лодно.

② Сего́дня жа́рко.

◎ 빈 곳을 채운 후 큰소리로 읽어봅시다.

– ___________________?

– Сего́дня плоха́я пого́да.

– ___________________?

– Сего́дня ми́нус 17 гра́дусов.

– Эта гру́ша ________?

– Жёлтая.

– Како́й го́род бо́льше: Москва́ и́ли Санкт-Петербу́рг?

– Москва́ ___________________

– Како́е о́зеро в Росси́и са́мое краси́вое?

– ___________________ — э́то Байка́л.

У вас есть хо́бби?

◎ Слова́рь

смотре́ть 보다

учи́ть 복습하다, 예습하다

отдыха́ть 쉬다

убира́ть 청소하다

танцева́ть 춤추다

гото́вить 준비하다

за́втрак 아침식사

у́жин 저녁식사

таре́лка 접시

ви́лка 포크

кварти́ра 아파트

телеви́зор 텔레비전

игра́ть 놀다, 경기하다

спорт 스포츠

те́ннис 테니스

хо́бби 취미

о́пера 오페라

фотографи́ровать 사진 찍다

слу́шать 말하다

чита́ть 읽다

мыть 씻다

петь 노래하다

гуля́ть 산책하다

де́лать 하다

обе́д 점심식사

ча́шка 찻잔

ло́жка 숟가락

ко́мната 방

му́зыка 음악

люби́ть 좋아하다

уме́ть 할 수 있다

футбо́л 축구

гольф 골프

бале́т 발레

пе́сня 노래

рисова́ть 그림 그리다

	де́лать	смотре́ть	танцева́ть	петь
я	де́лаю	смотрю́	танцу́ю	пою́
ты	де́лаешь	смо́тришь	танцу́ешь	поёшь
он, она́	де́лает	смо́трит	танцу́ет	поёт
мы	де́лаем	смо́трим	танцу́ем	поём
вы	де́лаете	смо́трите	танцу́ете	поёте
они́	де́лают	смо́трят	танцу́ют	поют

Что вы де́лаете?	당신은 무엇을 하십니까?

주격	대격(목적격)
журна́л, у́жин, я́блоко	журна́л, у́жин, я́блоко
ко́мната, му́зыка, пе́сня	ко́мнату, му́зыку, пе́сню

◎ 여러 번 읽은 후 옆 사람과 대화해봅시다.

– Что вы сейча́с де́лаете?

– Я слу́шаю му́зыку.

– Что де́лает ва́ша жена́?

– Она́ гото́вит у́жин.

– Что ты сейча́с де́лаешь?

– Я чита́ю журна́л.

– Что де́лает твоя́ сестра́?

– Она́ убира́ет ко́мнату.

— Вы танцу́йте?

— Нет, я не танцу́ю. Я пою́.

— Ты сейча́с у́чишь ру́сский язы́к?

— Нет, я не учу́ ру́сский язы́к.

Я чита́ю журна́л.

— Что сейча́с де́лает твоя́ ма́ма?

— Она́ мо́ет таре́лку и ча́шку.

— Что они́ де́лают?

— Они́ смо́трят телеви́зор

— Что вы де́лаете сего́дня?

— Я отдыха́ю.

— Что де́лает твой брат?

— Он гуля́ет.

– Что де́лает ба́бушка?

– ___________________

– Что де́лает де́душка?

– ___________________

– Что де́лает мать?

– ___________________

– Что де́лает оте́ц?

– ___________________

– Что де́лает сын?

– ___________________

люби́ть	люблю́ лю́бишь лю́бит лю́бим лю́бите лю́бят
уме́ть	уме́ю уме́ешь уме́ет уме́ем уме́ете уме́ют

Я люблю́ футбо́л.
Я люблю́ игра́ть в футбо́л.
Я уме́ю игра́ть в гольф.

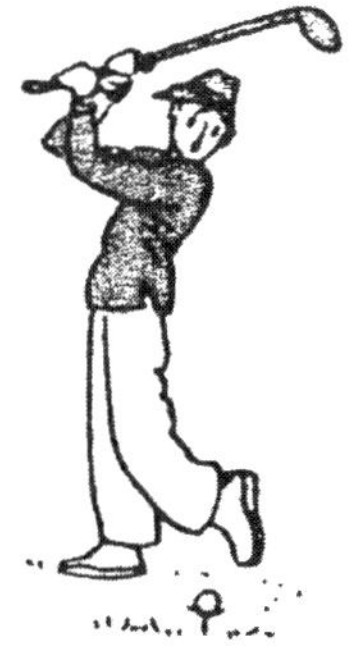

– Вы лю́бите спорт?

– Да, я люблю́ спорт.

– Како́й спорт вы лю́бите?

– Я люблю́ гольф.

– Вы уме́ете игра́ть в гольф?

– Да, я уме́ю игра́ть в гольф.

– Вы хорошо́ игра́ете в гольф?

– Нет, я не о́чень хорошо́ игра́ю в гольф.

– Что ты сейча́с де́лаешь?

– Я игра́ю в те́ннис.

– Ты лю́бишь те́ннис?

– Да, я о́чень люблю́ игра́ть в те́ннис.

– Ка́кой спорт ты лю́бишь?

– Я не люблю́ спорт.

  Я люблю́ слу́шать му́зыку.

– Что он сейча́с де́лает?

– Сейча́с он игра́ет в футбо́л.

– Он хорошо́ игра́ет в футбо́л?

– Да, он хорошо́ игра́ет в футбо́л.

– Я уме́ю игра́ть в те́ннис.

– Вы лю́бите игра́ть в те́ннис?

– Да, я люблю́ игра́ть в те́ннис.

– Я то́же люблю́ танцева́ть.

◎ 텍스트를 큰소리로 읽어봅시다.

Это на́ша семья́.

Моя́ ба́бушка и моя́ ма́ма гото́вят у́жин.

Мой де́душка чита́ет газе́ту.

Мой па́па смо́трит телеви́зор.

Моя́ сестра́ слу́шает му́зыку.

Она́ лю́бит слу́шать му́зыку.

Мой брат у́чит ру́сский язык.

Он уме́ет хорошо́ говори́ть по-ру́сски.

Я чита́ю журна́л. Я люблю́ чита́ть журна́л.

моё	твоё	его	её	наше	ваше	их
хо́бби	хо́бби	хо́бби	хо́бби	хо́бби	хо́бби	хо́бби
나의 취미	너의 취미	그의 취미	그녀의 취미	우리의 취미	당신(들)의 취미	그들의 취미

◎ 여러 번 읽은 후 옆 사람과 대화해봅시다.

- У вас есть хо́бби?
- Да, у меня́ есть хо́бби.
- Како́е у вас хо́бби?
- Моё хо́бби — игра́ть в гольф.

- У тебя́ есть хо́бби?
- Да, у меня́ есть хо́бби.
- Како́е у тебя́ хо́бби?
- Моё хо́бби — спорт.

- У вас есть хо́бби?
- Да, у меня́ есть хо́бби.
- Како́е у вас хо́бби?
- Я люблю́ му́зыку.

- У тебя́ есть хо́бби?
- Да, у меня́ есть хо́бби.
- Како́е у тебя́ хо́бби?
- Я люблю́ бале́т.

- У вас есть хо́бби?
- Да, у меня́ есть хо́бби.
- Како́е у вас хо́бби?
- Моё хо́бби — фотографи́ровать.

- У тебя́ есть хо́бби?
- Да, у меня́ есть хо́бби.
- Како́е у тебя́ хо́бби?
- Я люблю́ о́перу.

◎ 빈 곳을 채운 후 큰소리로 읽어봅시다.

– ___________________?

– Да, я люблю́ спорт.

– _______________?

– Я люблю́ те́ннис.

– ____________________?

– Да, я уме́ю игра́ть в те́ннис.

– _____________________?

– Нет, я не о́чень хорошо́ игра́ю в те́ннис.

— Что сейча́с де́лает твой па́па?

— _____________ в гольф.

— Он лю́бит гольф?

— Да, ________________________

— __________________?

— Да, у меня́ есть хо́бби.

— Како́е у вас хо́бби?

— _____________ — фотографи́ровать.

— У тебя́ есть хо́бби?

— ___________________

— __________________?

— Я люблю́ бале́т.

— Что сейча́с де́лает твой друг?

— Сейча́с ________________

— Её хо́бби — спорт?

— Да, он ________________

Что вы де́лали вчера́?

◎ Слова́рь

рабо́та 일	парк 공원
теа́тр 극장	конце́рт 콘서트
стадио́н 경기장	кино́ 극장
вчера́ 어제	позавчера́ 그제
у́тро 아침 у́тром 아침에	день 낮 днём 낮에
ве́чер 저녁 ве́чером 저녁에	пото́м 그 후에, 뒤에
быть 이다, 있다	куда́ 어디로
ходи́ть 가다 (хожу́, хо́дишь, хо́дит, хо́дим, хо́дите, хо́дят)	
купи́ть 사다 (куплю́, ку́пишь, ку́пит, ку́пим, ку́пите, ку́пят)	
сыр 치즈	хлеб 빵
колбаса́ 소시지	ма́сло 버터
мя́со 고기	молоко́ 우유
ры́ба 생선	сок 음료수

моро́женое 아이스크림	пи́во 맥주
пальто́ 외투	руба́шка 셔츠
пла́тье 의복, 원피스	ша́пка 털모자
рубль 루블(지폐)	копе́йка 꼬뻬이까(동전)

주어	과거형				
남성	де́лал	ходи́л	был	купи́л	смотре́л
여성	де́лала	ходи́ла	была́	купи́ла	смотре́ла
복수	де́лали	ходи́ли	бы́ли	купи́ли	смотре́ли

быть где (в+전치격)	ходи́ть куда́ (в+대격)
в па́рке	в парк
в теа́тре	в теа́тр
в магази́не	в магази́н
в кино́	в кино́
в университе́те	в университе́т

◎ 여러 번 읽은 후 옆 사람과 대화해봅시다.

– Анто́н, что вы де́лали вчера́?   – Что ты де́лала днём?

– Я ходи́л на рабо́ту.   – Я гото́вила обе́д.

– Что ты де́лала ве́чером?

– Я смотре́ла телеви́зор.

– Где вы бы́ли вчера́?

– Я был на рабо́те.

– Где ты был позавчера́?

– Позавчера́ я был на конце́рте.

– Что ты де́лал вчера́ днём?

– Я гуля́л в па́рке.

– Что ты де́лал вчера́ ве́чером?

– Я был в магази́не.

– Что ты купи́л?

– Я купи́л хлеб и молоко́.

– Куда́ ты ходи́ла сего́дня у́тром?

– Я ходи́ла в магази́н.

– Куда́ ты ходи́л вчера́?

– Я ходи́л в университе́т.

Я у́чил ру́сский язы́к.

— Куда́ вы ходи́ли вчера́?   — Куда́ ты ходи́л вчера́?
— Я ходи́л в парк.   — Я ходи́л в кино́.

— Что ты де́лал вчера́ ве́чером?
— Я смотре́л телеви́зор.
— Что ты де́лал пото́м?
— Пото́м я чита́л журна́л и слу́шал му́зыку.

— Вы бы́ли в магази́не сего́дня днём?
— Нет, я не была́ в магази́не сего́дня днём. Я была́ в па́рке.

— Ты ходи́л сего́дня в кино́?
— Да, я ходи́л сего́дня в кино́.

— Ка́тя, что ты де́лала вчера́ ве́чером?
— Я чита́ла кни́гу. Пото́м я слу́шала му́зыку.
— Что де́лала твоя́ мать?
— Она́ гото́вила у́жин.
— Что де́лал твой оте́ц?
— Он чита́л газе́ту. Пото́м он ходи́л в магази́н.
— Что де́лал твой брат?
— Он смотре́л телеви́зор.

- Антóн, что ты дéлал вчерá?

- Ýтром я ходи́л в университéт.

  Днём я убирáл кóмнату. Потóм я отдыхáл.

- Вéчером я ходи́л в кинó. Потóм я гуля́л в пáрке.

- Где вы бы́ли вчерá?   - Кудá ты ходи́л вчерá?

- Я был на стади́оне.   - Я ходи́л на концéрт.

  Потóм я ходи́л на рабóту.   Потóм я ходи́л в пáрк.

Скóлько стóит 단수명사 ? Скóлько стóят 복수명사 ?	얼마입니까?

хотéть ~하고 싶다	хочý, хóчешь, хóчет, хоти́м, хоти́те, хотя́т

- Дáйте, пожáлуйста.(Дáйте мне, пожáлуйста.)

  주세요. (저에게 주세요)

- Пожáлуйста. 여기 있습니다.

- Кудá ты ходи́ла сегóдня днём?

- Я ходи́ла в магази́н.

- Что ты купи́ла в магази́не?

- Я купи́ла плáтье.

- Скóлько стóит плáтье?

- Это плáтье 500 рублéй.

— Бори́с, что вы де́лали вчера́?

— Днём я ходи́л в магази́н.

Я хочу́ купи́ть руба́шку.

— Вы купи́ли руба́шку?

— Да, я купи́л руба́шку.

— Ско́лько сто́ит руба́шка?

— 180 рубле́й.

— Что вы де́лали ве́чером?

— Ве́чером я был в теа́тре. Я смотре́л бале́т.

— Вы хоти́те пальто́ или ша́пку?

— Я хочу купи́ть ша́пку.

— Ско́лько сто́ит ша́пка?

— 150 рубле́й.

— Да́йте, пожа́луйста.

— Пожа́луйста.

— Спаси́бо.

– Что вы хоти́те купи́ть?

– Я хочу́ купи́ть ру́чку.

  Ско́лько сто́ит ру́чка?

– Эта ру́чка сто́ит 20 рубле́й 40 копе́ек.

– Да́йте мне, пожа́луйста, ру́чку.

– Пожа́луйста.

– Спаси́бо.

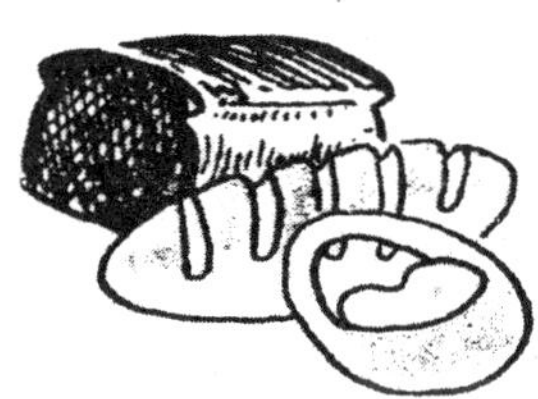

– Что ты де́лал сего́дня у́тром?

– Я ходи́л в магази́н.

– Что ты купи́л?

– Я купи́л хлеб и молоко́.

– Что ты де́лал пото́м?

– Я чита́л газе́ту.

– Что он купи́л?

– Он купи́л сыр.

– Что она́ купи́ла?

– Она́ купи́ла колбасу́.

– Что они́ купи́ли?

– Они́ купи́ли сок и моро́женое.

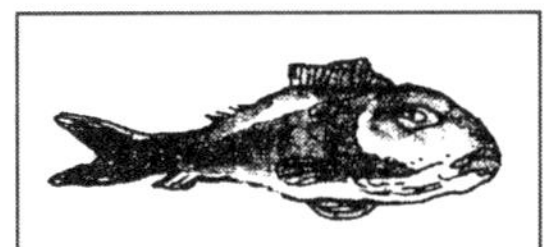

- – Вы купи́ли мя́со?

- – Нет, я не купи́ла мя́со.

  Я купи́ла ры́бу.

- – Вы не купи́ли я́блоки?

- – Я купи́ла я́блоки.

- – Ты купи́л пи́во?

- – Да, я купи́л пи́во.

- – Ты лю́бишь вино́?

- – Нет, я не люблю́ вино́.

  Я люблю́ пи́во.

◎ 빈 곳을 채운 후 큰소리로 읽어봅시다.

- – _____________ вчера́ ве́чером?

- – Я смотре́л телеви́зор.

- – _______________________?

- – Пото́м я чита́л журна́л и слу́шал му́зыку.

- – Что вы де́лали вчера́?

- – Я _______ на конце́рте.

  Что вы де́лали вчера́?

- – Я _______ на рабо́ту.

– _________ вы были вчера?

– Я был _________

Потом я ходил на работу.

– _________ ты ходил вчера?

– Я ходил _________

Потом я ходил в парк.

– Что ты купила в магазине?

– Я купила платье.

– _____________________?

– Это платье 500 рублей.

– Сколько стоит молоко?

– Это молоко стоит 17 рублей 30 копеек.

– _____________, _____________, молоко.

– Пожалуйста.

– _________

– Что ты _________ сегодня утром?

– Я _________ в магазин.

– Что ты _________?

– Я _________ хлеб и молоко.

Я бу́ду есть ру́сское блю́до.

◎ Слова́рь

за́втра 내일   послеза́втра 모레

идти́(иду́, идёшь, идёт, идём, идёте, иду́т) 걸어가다(불완료상)

пойти́(пойду́, пойдёшь, пойдёт, пойдём, пойдёте, пойду́т) 걸어가다(완료상)

е́хать(е́ду, е́дешь, е́дет, е́дем, е́дете, е́дут) 타고가다(불완료상)

пое́хать(пое́ду, пое́дешь, пое́дет, пое́дем, пое́дете, пое́дут) 타고가다(완료상)

да́ча 별장   библиоте́ка 도서관

уро́к 수업, 과   покупа́ть(불완) ― купи́ть(완) 사다

де́лать(불완) ― сде́лать(완) 하다   блю́до 음식

борщ 수프   блин 팬케익

сала́т 샐러드   шашлы́к 고기 꼬치구이

пиро́г 만두   соль 소금

пе́рец 후추   икра́ 철갑상어알

	во́дка 보드카	пить 마시다
	есть 먹다	рестора́н 레스토랑
	кафе́ 카페	меню́ 메뉴
	счёт 계산서	шампа́нское 샴페인
	лимо́н 레몬	нра́виться 마음에 들다
	с ~와 함께	с кем 누구와 함께

주어	де́лать (불완료상 동사)		сде́лать (완료상)
	현재	미래(**быть**미래형+미정형)	미래
я	де́лаю	бу́ду де́лать	сде́лаю
ты	де́лаешь	бу́дешь де́лать	сде́лаешь
он, она́	де́лает	бу́дет де́лать	сде́лает
мы	де́лаем	бу́дем де́лать	сде́лаем
вы	де́лаете	бу́дете де́лать	сде́лаете
они́	де́лают	бу́дут де́лать	сде́лают

◎ 여러 번 읽은 후 옆 사람과 대화해봅시다.

- Что вы бу́дете де́лать за́втра?
- Я бу́ду убира́ть.
- Что вы бу́дете де́лать послеза́втра?
- Я бу́ду отдыха́ть.

– Что ты бу́дешь де́лать за́втра?

– Я пойду́ в библиоте́ку.

– Что ты бу́дешь де́лать за́втра?

– Я пое́ду на стадио́н.

– Са́ша, куда́ ты сейча́с идёшь?

– Я иду́ в кино́.

– Что ты де́лал вчера́?

– Днём я отдыха́л. Ве́чером я ходи́л в магази́н. Пото́м я гото́вил у́жин.

– Что ты бу́дешь де́лать за́втра?

– Я бу́ду рабо́тать.

– Что ты бу́дешь де́лать за́втра у́тром?

– Я пойду́ в университе́т.

– Что ты бу́дешь де́лать за́втра днём?

– Я бу́ду учи́ть ру́сский язы́к.

– Что ты бу́дешь де́лать за́втра ве́чером?

– Я пое́ду в рестора́н.

	남성		여성	
кто	друг	брат	сестра́	ма́ма
с кем	с дру́гом	с бра́том	с сестро́й	с ма́мой

– Ве́ра, ты пойдёшь за́втра в магази́н?

– Да, я пойду́ за́втра в магази́н.

– С кем ты пойдёшь за́втра в магази́н?

– Я пойду́ в магази́н с сестро́й.

– Что вы бу́дете покупа́ть?

– Мы бу́дем покупа́ть хлеб, молоко́ и я́блоки.

– Та́ня, вы пойдёте послеза́втра в теа́тр?

– Да, я пойду́ послеза́втра в теа́тр.

– С кем вы пойдёте послеза́втра в теа́тр?

– Я пойду́ в теа́тр с му́жом.

   Мы бу́дем смотре́ть бале́т.

– Вы пое́дете за́втра на да́чу?

– Нет, я не пое́ду за́втра на да́чу.

   Я пое́ду за́втра на стадио́н.

– Ты бу́дешь учи́ть ру́сский язы́к за́втра ве́чером?

– Да, я бу́ду учи́ть ру́сский язы́к за́втра ве́чером.

◎ 텍스트를 큰소리로 읽어봅시다.

За́втра у́тром я пойду́ в библиоте́ку. Там я бу́ду чита́ть кни́ги и журна́лы.

Днём я пойду́ в магази́н. Там я бу́ду покупа́ть сок и я́блоки.

Пото́м я пое́ду на да́чу с бра́том. Там я бу́ду отдыха́ть.

| Да́йте, пожа́луйста. | 좀 주세요. |
| Принеси́те, пожа́луйста. | 좀 건네주세요. |

| Мне нра́вится(нра́вятся)······ | 나는 ······가 마음에 듭니다. |
| Вам нра́вится(нра́вятся)······? | 당신은 ······가 마음에 듭니까? |

◎ 여러 번 읽은 후 옆 사람과 대화해봅시다.

– Что вы бу́дете есть?

– Я хочу́ есть ру́сское блю́до.

– Како́е блю́до вам нра́вится?

– Мне нра́вится блины́.

– Мы бу́дем есть борщ, сала́т, блины́.

– Что вы бу́дете пить?

– Мы бу́дем пить шампа́нское и сок.

– Куда́ ты идёшь?

– Я иду́ в рестора́н.

  Там я бу́ду есть блю́до с подру́гой.

– Что вы бу́дете есть?

– Мы бу́дем есть шашлы́к и икра́.

– Что вы бу́дете пить?

– Мы бу́дем пить во́дку и пи́во.

– Тебе́ нра́вится борщ?

– Да, мне нра́вится борщ.

– Ты уме́ешь гото́вить борщ?

– Да, я уме́ю гото́вить борщ.

– Ты лю́ишь гото́вить ру́сское блю́до?

– Да, я люблю́ гото́вить ру́сское блю́до.

– Что ты бу́дешь есть?

– Я бу́ду есть пироги́.

– Принеси́те, пожа́луйста, соль и пе́рец.

– Пожа́луйста.

– Спаси́бо.

– Пожа́луйста.

– Принеси́те, пожа́луйста, меню́.

– Пожа́луйста.

– Принеси́те, пожа́луйста, ко́фе и моро́женое.

– Пожа́луйста.

– Да́йте, пожа́луйста, счёт.

– Пожа́луйста.

– Что вы бу́дете есть?

– Я бу́ду есть пиро́г с мя́сом.

– Что ты бу́дешь пить?

– Я бу́ду пить чай с лимо́ном.

- Что ты сейча́с де́лаешь?

- Я игра́ю в те́ннис.

- Что ты бу́дешь де́лать за́втра ве́чером?

- Я пойду́ в рестора́н. Я бу́ду есть ру́сское блю́до.

- Како́е блю́до тебе́ нра́вится?

- Мне нра́вится борщ и шашлы́к.

- Что вы сейча́с де́лаете?

- Я иду́ в магази́н. Я бу́ду пакупа́ть мя́со и сыр.

- Что вы бу́дете есть сего́дня ве́чером?

- Я бу́ду есть блины́ с мя́сом.

- Вы хорошо́ гото́вите блины́?

- Да, я о́чень хорошо́ гото́влю блины́.

- С кем вы бу́дете есть сего́дня ве́чером?

- С подру́гой.

◎ 빈 곳을 채운 후 큰소리로 읽어봅시다.

- Что вы ______ де́лать за́втра?

- Я ______ убира́ть.

- Что ты ______ де́лать за́втра у́тром?

- Я ______ в университе́т.

– Куда́ ты сейча́с _______?

– Я _______ в кино́.

– _______________________?

– Я бу́ду есть ру́сское блю́до.

– Како́е блю́до вам нра́вится?

– __________________ блины́.

– Принеси́те, пожа́луйста, соль и пе́рец.

– _________________

– Спаси́бо.

– _________________

– _________________?

– Да, мне нра́вится борщ.

– Ты ___________ борщ?

– Да, я уме́ю гото́вить борщ.

– Что вы _______ де́лать за́втра ве́чером?

– Я _______ есть ру́сское блю́до.

– _______ вы бу́дете есть?

– С подру́гой.

Како́й сего́дня день?

◎ Слова́рь

ходи́ть 걸어 다니다 (хожу́, хо́дишь, хо́дит, хо́дим, хо́дите, хо́дят)

е́здить 타고 다니다 (е́зжу, е́здишь, е́здит, е́здим, е́здите, е́здят)

неде́ля 일주일	ме́сяц 한 달
музе́й 박물관	зоопа́рк 동물원
цирк 서커스	день рожде́ния 생일
кани́кулы 휴가	начина́ться 시작되다
конча́ться 끝나다	встре́титься 만나다
вре́мя 시간	час 한 시
мину́та 일 분	число́ 일, 날짜, 수
полчаса́ 30분	полови́на 절반
самолёт 비행기	по́езд 기차
авто́бус 버스	вокза́л 역
аэропо́рт 비행장	остано́вка 정류장
прилета́ть 날아오다, 도착하다	такси́ 택시

приходи́ть 도착하다   우ходи́ть 떠나다, 출발하다

к ~쪽으로, ~에게   когда́ 언제

дое́хать 타고 가다, 도달하다   до ~까지

далеко́ 멀다   бли́зко 가깝다

мо́жно 가능하다

какóй день	когда́
понеде́льник 월요일	в понеде́льник 월요일에
вто́рник 화요일	во вто́рник 화요일에
среда́ 수요일	в сре́ду 수요일에
четве́рг 목요일	в четве́рг 목요일에
пя́тница 금요일	в пя́тницу 금요일에
суббо́та 토요일	в суббо́ту 토요일에
воскресе́нье 일요일	в воскресе́нье 일요일에

какóй ме́сяц		когда́	
янва́рь 1월	ию́ль 7월	в январе́ 1월에	в ию́ле 7월에
февра́ль 2월	а́вгуст 8월	в феврале́ 2월에	в а́вгусте 8월에
март 3월	сентя́брь 9월	в ма́рте 3월에	в сентябре́ 9월에
апре́ль 4월	октя́брь 10월	в апреле́ 4월에	в октябре́ 10월에
май 5월	ноя́брь6 11월	в ма́е 5월에	в ноябре́ 11월에
ию́нь 6월	дека́брь 12월	в ию́не 6월에	в декабре́ 12월에

- Како́й сего́дня день?

- Сего́дня понеде́льник.

- Како́й день был вчера́?

- Вчера́ воскресе́нье.

- Како́й день бу́дет за́втра?

- За́втра вто́рник.

- Когда́ мы пойдём в цирк?

- Мы пойдём в цирк в суббо́ту.

- Когда́ мы пое́дем в музе́й?

- Мы пое́дем в музе́й в воскресе́нье.

- Когда́ вы пойдёте на конце́рт?

- Я пойду́ на конце́рт в сре́ду.

- Где вы бы́ли в воскресе́нье?

- В воскресе́нье я был в теа́тре.

- Когда́ ты ходи́ла к дру́гу?

- Я ходи́ла к дру́гу в четве́рг.

- Когда́ ты пое́дешь к ба́бушке?

- В пя́тницу.

- Како́й сего́дня день?

- Сего́дня суббо́та.

- Куда́ ты ходи́л вчера́?

- Вчера́ я ходи́л в библиоте́ку.

- Куда́ ты пое́дешь в воскресе́нье?

- В воскресе́нье я пое́ду в зоопа́рк.

- Когда́ ваш день рожде́ния?

- Мой день рожде́ния в январе́.

- Когда́ твой день рожде́ния?

- Мой день рожде́ния в декабре́.

- Когда́ вы е́здили в Москву́?

- Я е́здила в Москву́ весно́й.

- Когда́ ты е́здил на Байка́л?

- Я е́здил на Байка́л ле́том.

- Когда́ в Росси́и начина́ются ле́тние кани́кулы?

- Ле́тние кани́кулы начина́ются в ию́не.

- Когда́ в Росси́и конча́ются ле́тние кани́кулы?

- Ле́тние кани́кулы конча́ются в а́вгусте.

до + 생격 : ~까지	на + 운송수단의 전치격 : ~을 타고
До вокза́ла мо́жно дое́хать **на авто́бусе.** 역까지 버스로 도착할 수 있습니다.	

Скажи́те, пожа́луйста, ……?	……를 말해주시겠어요?

- Где ста́нция метро́?

- Ста́нция метро́ недалеко́.

- Где остано́вка авто́буса?

- Остано́вка авто́буса далеко́.

- Скажи́те, пожа́луйста, как дое́хать до аэропо́рта?

- До аэропо́рта мо́жно дое́хать на такси́.

- Скажи́те, пожа́луйста, как дое́хать до вокза́ла?

- До вокза́ла мо́жно дое́хать на метро́.

Ско́лько вре́мени?	Кото́рый час?	몇 시입니까?

- Како́й сего́дня день?

- Сего́дня суббо́та.

- Куда́ ты пое́дешь сего́дня ве́чером?

- Я пое́ду в теа́тр.

- Как дое́хать до теа́тра?

- До теа́тра мо́жно дое́хать на метро́ и́ли на авто́бусе.

— Когда́ прилета́ет самолёт?

— Самолёт прилета́ет в 5 часо́в 30 мину́т.

— Скажи́те, пожа́луйста, ско́лько сейча́с вре́мени?

— Сейча́с 3 часа́.

— Как дое́хать до аэропо́рта?

— До аэропо́рта мо́жно дое́хать на такси́ и́ли на авто́бусе.

— Когда́ прихо́дит по́езд?

— По́езд прихо́дит в 2 часа́ 15 мину́т.

— Скажи́те, пожа́луйста, кото́рый час?

— Сейча́с 1 час 30 мину́т.

— Скажи́те, пожа́луйста, как дое́хать до вокза́ла?

— До вокза́ла мо́жно дое́хать на метро́.

— Когда́ улета́ет самолёт в Москву́?

— Самолёт в Москву́ улета́ет в 13 часа́ 40 мину́т.

— Когда́ ухо́дит по́езд в Санкт-Петербу́рг?

— По́езд в Санкт-Петербу́рг ухо́дит в 18 часо́в 15 мину́т.

— Что вы бу́дете де́лать ле́том?

— Я пое́ду на Байка́л.

— Как дое́хать до Байка́ла?

— До Байка́ла мо́жно дое́хать на самолёте.

	며칠	며칠에	몇 월의
1	пе́рвое	пе́рвого	января́
2	второ́е	второ́го	февраля́
3	тре́тье	тре́тьего	ма́рта
4	четвёртое	четвёртого	апре́ля
5	пя́тое	пя́того	ма́я
6	шесто́е	шесто́го	ию́ня
7	седьмо́е	седьмо́го	ию́ля
8	восьмо́е	восьмо́го	а́вгуста
9	девя́тое	девя́того	сентября́
10	деся́тое	деся́того	октября́
11	оди́ннадцатое	оди́ннадцатого	ноября́
12	двена́дцатое	двена́дцатого	декабря́

– Како́й сейча́с ме́сяц?

– Сейча́с май.

– Како́е сего́дня число́?

– Сего́дня пе́рвое ма́я.

– Како́й сего́дня день?

– Сего́дня среда́.

– Како́е сего́дня число́?

– Сего́дня семна́дцатое апре́ля.

– Како́е число́ бы́ло вчера́?

– Вчера́ бы́ло шестна́дцатое апре́ля.

– Како́е число́ бу́дет за́втра?

– Завтра́ бу́дет восемна́дцатое апре́ля.

— Когда́ ваш день рожде́ния?

— Мой день рожде́ния два́дцать седьмо́го октября́.

— Когда́ твой день рожде́ния?

— Мой день рожде́ния четвёртого а́вгуста.

— Когда́ ты пое́дешь в Москву́?

— Я пое́ду в Москву́ второ́го ию́ля.

— Когда́ вы пое́дете на Байка́л?

— Я пое́ду на Байка́л седьмо́го а́вгуста.

— Како́й сего́дня день?

— Сего́дня пя́тница.

— Како́е сего́дня число́?

— Сего́дня восьмо́е октября́.

— Куда́ ты пое́дешь за́втра?

— За́втра я пое́ду в библиоте́ку.

— Там я бу́ду учи́ть ру́сский язы́к с дру́гом.

— Когда́ мы встре́тимся?

— Мы встре́тимся в 3 часа́.

- Когда́ начина́ется конце́рт?

- Конце́рт начина́ется в 2 часа́.

- Когда́ мы встре́тимся?

- Мы встре́тимся в час.

- Где мы встре́тимся?

- Мы встре́тимся в па́рке.

◎ 빈 곳을 채운 후 큰소리로 읽어봅시다.

- _______________________?

- Сего́дня суббо́та.

- _______________________?

- Вчера́ пя́тница.

- _______________________?

- За́втра воскресе́нье.

- _________ вы пойдёте на конце́рт?

- Я пойду́ на конце́рт в четве́рг.

- _________ вы бы́ли в воскресе́нье?

- В воскресе́нье я был в теа́тре.

– Какой сегодня день?

– ____________________

– Какой день был вчера?

– Вчера воскресéнье.

– __________ ты ходил вчера?

– Вчера я ходил в библиотéку.

– ________________________________?

– Самолёт прилетáет в 5 часóв 30 минýт.

– Скажите, пожáлуйста, ______________________?

– Сейчáс 3 часá.

– Когдá твой день рождéния?

– ____________________________

– ________________________________?

– Балéт начинáется в 6 часóв.

– ________________?

– Мы встрéтимся в 5 часóв.

– ________________?

– Мы встрéтимся в теáтре.

Мо́жно войти́?

◎ Слова́рь

нельзя́ 불가능하다, 안 된다

ну́жно 필요하다

до́лжен 해야만 한다

позвони́ть 전화하다

включи́ть 켜다

вы́ключить 끄다

откры́ть 열다

закры́ть 닫다

войти́ 들어가다

вы́йти 나가다

подожда́ть 기다리다

кури́ть 담배 피다

коне́чно 물론

спроси́ть 질문하다

дверь 문

свет 빛, 등

ра́дио 라디오

за́нят, занята́ 바쁘다, 꽉차있다

свобо́ден, свобо́дна 자유롭다, 비어있다

помо́чь 돕다

Алло́ 여보세요

Позови́те, … …를 바꿔주세요

Одну́ мину́ту. 잠깐만 기다리세요.

че́рез 지나서

зде́сь 여기에

Мо́жно позвони́ть?	전화해도 될까요?
Зде́сь **нельзя́** кури́ть.	여기에서는 담배피우면 안됩니다.
Мне **ну́жно** говори́ть по－ру́сски.	나는 러시아어로 말할 필요가 있습니다.
Я **до́лжен** говори́ть по－ру́сски.	나는 러시아어로 말해야만 합니다.

Анто́н **до́лжен** пойти́ в библиоте́ку.	안똔은 도서관에 가야만 합니다.
Ка́тя **должна́** помо́чь ма́ме.	까쨔는 엄마를 도와야만 합니다.
Мы **должны́** убира́ть кварти́ру.	우리는 아파트를 청소해야만 합니다.

Его́ сейча́с нет.	그는 지금 없습니다.
Её сейча́с нет.	그녀는 지금 없습니다.

◎ 여러 번 읽은 후 옆 사람과 대화해봅시다.

－ Здра́вствуйте! Мо́жно войти́?

－ Здра́вствуй! Да, мо́жно.

－ Мо́жно вы́йти?

－ Да, пожа́луйста.

－ Мо́жно спроси́ть?

－ Да, коне́чно.

－ Мо́жно откры́ть окно́?

－ Пожа́луйста.

– Здра́вствуйте! Мо́жно войти́?

– Здра́вствуйте! Да, пожа́луйста.

– Ни́на Ива́новна зде́сь?

– Её сейча́с нет.

– Когда́ она́ бу́дет?

– Она́ бу́дет че́рез час.

– Мо́жно подожда́ть зде́сь?

– Пожа́луйста.

– Мо́жно позвони́ть?

– Пожа́луйста. Вот телефо́н.

– Зде́сь мо́жно кури́ть?

– Зде́сь нельзя́ кури́ть.

– Мо́жно включи́ть телеви́зор?

– Нет, нельзя́.

– Мо́жно вы́ключить свет?

– Нет, нельзя́.

- Извини́те, мо́жно войти́?

- Да, мо́жно.

- Мо́жно вы́йти?

- Нет, нельзя́.

- Извини́те, мо́жно закры́ть дверь?

- Да, коне́чно.

- Извини́те, мо́жно спроси́ть?

- Да, пожа́луйста.

- До́брый день! Мо́жно войти́?

- До́брый день! Пожа́луйста.

- Иван Петро́вич здесь?

- Его́ сейча́с нет.

- Когда́ он бу́дет?

- Он бу́дет че́рез полчаса́.

- Мо́жно подожда́ть здесь?

- Пожа́луйста.

– Мо́жно позвони́ть?

– Пожа́луйста. Вот телефо́н.

– Зде́сь мо́жно кури́ть?

– Зде́сь нельзя́ кури́ть.

– Сего́дня вы свобо́дны?

– Извини́те, сего́дня я за́нят. Мне ну́жно пойти́ в университе́т.

– Ты сего́дня свобо́дна?

– Извини́, я сего́дня занята́. Я должна́ помо́чь ма́ме.

– Твой брат за́втра свобо́ден?

– Нет, за́втра он за́нят. Ему́ ну́жно пойти́ в библиоте́ку.

– Твоя́ сестра́ в воскресе́нье занята́?

– Нет, в воскресе́нье она́ занята́. Ей ну́жно пойти́ в теа́тр.

– В суббо́ту вы свобо́дны?

– Извини́те, в суббо́ту я за́нят. Мне ну́жно пое́хать на да́чу.

– В четве́рг ты свобо́дна?

– Извини́, в четве́рг я занята́. Мне ну́жно гото́вить обе́д.

— Сего́дня ве́чером вы свобо́дны?

— Извини́те, сего́дня ве́чером мы за́няты.

  За́втра у́тром нам ну́жно пое́хать на да́чу.

— Сего́дня ты свобо́ден?

— Извини́, сего́дня я за́нят.

  Я до́лжен пойти́ в библиоте́ку.

— Вы должны́ за́втра е́хать в аэропо́рт?

— Да, я до́лжен за́втра е́хать в аэропо́рт.

— Когда́ прилета́ет самолёт?

— Самолёт прилета́ет в час.

— Как дое́хать до аэропо́рта?

— До аэропо́рта мо́жно дое́хать на такси́ и́ли на авто́бусе.

— Слу́шаю.

— Анто́н, здра́вствуй. Это Ни́на говори́т.

– Здра́вствуй, Ни́на.

– Анто́н, ты сего́дня свобо́ден?

– Извини́, сего́дня я за́нят.

  Я до́лжен пойти́ в университе́т.

– Мне мо́жно позвони́ть ве́чером?

– Да, коне́чно.

– Алло́.

– Позови́те, пожа́луйста, Анну.

– Одну́ мину́ту.

– Слу́шаю вас.

– Анна, это Бори́с говори́т. Сего́дня ве́чером вы свобо́дны?

  Я хочу́ пойти́ в теа́тр с ва́ми.

– Бори́с, сего́дня ве́чером я свобо́дна.

  Где и когда́ мы встре́тимся?

– Мы встре́тимся в па́рке в 6 часо́в.

– Хорошо́.

◎ 텍스트를 큰소리로 읽어봅시다.

Неде́ля

В понеде́льник я до́лжен пойти́ в университе́т. Во вто́рник мне ну́жно пойти́ в теа́тр. В сре́ду я до́лжен пойти́ в библиоте́ку. В четве́рг мне ну́жно пое́хать к дру́гу. В пя́тницу я до́лжен пойти́ в магази́н. В суббо́т у мне ну́жно пое́хать к ба́бушке. Я до́лжен помо́чь ба́бушке. Я бу́ду убир а́ть кварти́ру. В воскресе́нье я свобо́ден. Я пое́ду на стадио́н. Я бу́ду игра́ть в те́ннис.

◎ 빈 곳을 채운 후 큰소리로 읽어봅시다.

– Извини́те, мо́жно войти́?

– Да, __________

– Мо́жно вы́йти?

– Нет, __________

– Извини́те, мо́жно закры́ть дверь?

– Да, __________

– Извини́те, мо́жно спроси́ть?

– Да, __________

– ________________________?

– Извини́те, сего́дня я за́нят. Мне ________ пойти́ в университе́т.

– Ты сего́дня свобо́дна?

– Извини́, я сего́дня занята́. Я ________ помо́чь ма́ме.

– Слу́шаю.

– Анто́н, здра́вствуй. Это Ни́на ________

– Здра́вствуй, Ни́на.

– Анто́н, ты сего́дня свобо́ден?

– Извини́, ____________

Я до́лжен пойти́ в университе́т.

– ________

– Позовите, пожа́луйста, Анну.

– ________

– Слу́шаю вас.

– Анна, это Бори́с говори́т. Сего́дня ве́чером вы свобо́дны?

– ________, я сего́дня занята́.

▌이명자

문학 박사(러시아어학 전공)
현 청주대학교 외국어문학부 교수

저서 : 『러시아어의 구조』(보고사) 외 다수
역서 : 『사랑과 욕망의 해바라기』(범우사) 외
논문 : "러시아 민속의 기호언어로서의 chastushka" 외 다수

발음 연습을 위한 생활 러시아어

2009년 9월 2일 초판 1쇄 펴냄

지은이 이명자
펴낸이 김흥국
펴낸곳 도서출판 보고사

책임편집 윤은영
표지디자인 강문희

등록 1990년 12월 13일 제6-0429호
주소 서울특별시 성북구 보문동7가 11번지 2층
전화 922-5120~1(편집), 922-2246(영업)
팩스 922-6990
메일 kanapub3@chol.com
http://www.bogosabooks.co.kr

ISBN 978-89-8433-762-6 13790
ⓒ 이명자, 2009